La cigarette électronique

Correction : Joëlle Bouchard
Éditrice : Liette Mercier

DISTRIBUTEURS EXCLUSIFS :

Pour le Canada et les États-Unis :
MESSAGERIES ADP*
2315, rue de la Province
Longueuil, Québec J4G 1G4
Téléphone : 450-640-1237
Télécopieur : 450-674-6237
Internet : www.messageries-adp.com
* filiale du Groupe Sogides inc.,
filiale de Québecor Média inc.
Pour la France et les autres pays :
INTERFORUM editis
Immeuble Paryseine, 3, allée de la Seine
94854 Ivry CEDEX
Téléphone : 33 (0) 1 49 59 11 56/91
Télécopieur : 33 (0) 1 49 59 11 33
Service commandes France Métropolitaine
Téléphone : 33 (0) 2 38 32 71 00
Télécopieur : 33 (0) 2 38 32 71 28
Internet : www.interforum.fr
Service commandes Export – DOM-TOM
Télécopieur : 33 (0) 2 38 32 78 86
Internet : www.interforum.fr
Courriel : cdes-export@interforum.fr
Pour la Suisse :
INTERFORUM editis SUISSE
Case postale 69 – CH 1701 Fribourg – Suisse
Téléphone : 41 (0) 26 460 80 60
Télécopieur : 41 (0) 26 460 80 68
Internet : www.interforumsuisse.ch
Courriel : office@interforumsuisse.ch
Distributeur : OLF S.A.
ZI. 3, Corminboeuf
Case postale 1061 – CH 1701 Fribourg – Suisse
Commandes :
Téléphone : 41 (0) 26 467 53 33
Télécopieur : 41 (0) 26 467 54 66
Internet : www.olf.ch
Courriel : information@olf.ch
Pour la Belgique et le Luxembourg :
INTERFORUM BENELUX S.A.
Fond Jean-Pâques, 6
B-1348 Louvain-La-Neuve
Téléphone : 32 (0) 10 42 03 20
Télécopieur : 32 (0) 10 41 20 24
Internet : www.interforum.be
Courriel : info@interforum.be

02-14

Dépôt légal : 2014
Bibliothèque et Archives nationales du Québec

ISBN 978-2-7619-4057-3

Gouvernement du Québec – Programme de crédit d'impôt pour l'édition de livres – Gestion SODEC – www.sodec.gouv.qc.ca

L'Éditeur bénéficie du soutien de la Société de développement des entreprises culturelles du Québec pour son programme d'édition.

Conseil des Arts du Canada
Canada Council for the Arts

Nous remercions le Conseil des Arts du Canada de l'aide accordée à notre programme de publication.

Nous reconnaissons l'aide financière du gouvernement du Canada par l'entremise du Fonds du livre du Canada pour nos activités d'édition.

Dr PHILIPPE PRESLES

Préface du Dr Martin Juneau

La cigarette électronique

Enfin la méthode
pour arrêter
de fumer
facilement

LES ÉDITIONS DE L'HOMME
Une société de Québecor Média

À mon frère François, mort jeune du tabac, qui aimait tant la vie et ses plaisirs. Comme il était un très bon marin, j'aurais rêvé de pouvoir lui offrir sa première pipe électronique.

À mon confrère Hon Lik, pharmacien chinois à qui nous devons l'invention de la cigarette électronique telle que nous la connaissons aujourd'hui, avec toute mon admiration. Son invention sera probablement celle qui sauvera le plus de vies humaines au XXIe siècle, tout en procurant aux fumeurs, ces hédonistes dans l'âme, un nouveau plaisir à explorer.

À Brice Lepoutre, président de l'AIDUCE (Association indépendante des utilisateurs de cigarette électronique), pour le remercier du grand plaisir que j'ai eu à m'engager à ses côtés pour défendre la e-cigarette libre, notamment devant le Parlement européen de Strasbourg, le 7 octobre 2013. Quelle belle énergie pour défendre la liberté de tous et la santé de chacun !

À mes confrères signataires avec moi de l'appel pour la reconnaissance par les médecins de la cigarette électronique : Jean-Pierre Becquemin (angiologue), Thierry Dorval (cancérologue), Pascal Lim (cardiologue), David Elia (gynécologue), Hugues Chabriat (neurologue), Jean-Michel Klein (ORL), Hervé Pegliasco (pneumologue), Yann Hodé (psychiatre), Olivier Traxer (urologue).

Avertissement

Les arguments développés dans ce livre, notamment à propos de la nicotine, ne concernent que des fumeurs ayant déjà une dépendance au tabac. Autrement dit, les bénéfices attribués à la cigarette électronique ne se comprennent qu'en comparaison aux méfaits du tabagisme. Par ailleurs, ce livre n'a pas vocation de s'adresser à des non-fumeurs, ni à les inciter à essayer la cigarette électronique.

J'utiliserai indifféremment les mots « cigarette électronique » ou « e-cigarette » (ou encore e-cig) en ne faisant référence, sauf précision, qu'aux cigarettes électroniques contenant de la nicotine, soit dans 97 % des cas de leur consommation aujourd'hui[1]. Les autres mots utilisés par leurs utilisateurs, ou vapoteurs, sont disponibles en annexe.

---

1. Etter J.-F., Bullen C., *Electronic Cigarette: Users Profile, Utilization, Satisfaction and Perceived Efficacy*, Addiction, May 18, 2011.

Préface

Si rien n'est fait pour changer la tendance actuelle, on prévoit que le tabagisme causera la mort prématurée d'un milliard de personnes au cours du XXIe siècle. (*The Tobacco Atlas*, 4th edition, tobaccoatlas.org)

Dans mon travail, je rencontre trop souvent des patients cardiaques qui n'ont pas réussi à arrêter de fumer malgré leurs nombreuses tentatives et même s'ils ont utilisé les timbres et les gommes de nicotine, les inhalateurs et les différents médicaments qui sont offerts. Ces patients ont réellement tout essayé. En revanche, ceux qui essaient la cigarette électronique – et qui savent bien s'en servir –, réussissent beaucoup plus facilement à diminuer leur consommation de tabac et même à cesser complètement.

La cigarette électronique est un peu l'équivalent de l'arrivée de l'ordinateur personnel, le téléphone intelligent ou la photo numérique. Ces percées technologiques ont transformé notre vie de tous les jours.

Dans un éditorial récent sur le sujet, un des grands pionniers de la lutte contre le tabac à l'Organisation mondiale de la Santé, le Dr Derek Yach, affirme que l'arrivée de la cigarette électronique pourrait enfin diminuer de façon importante le tabagisme tel qu'on le connaît aujourd'hui. Plusieurs analystes des marchés financiers prédisent que, d'ici une dizaine d'années, les ventes de cigarettes électroniques auront probablement dépassé celles du tabac.

Le Dr Yach croit même que dans 20 ans, on vivra dans un monde où le tabagisme sera perçu comme un véritable anachronisme. Il ajoute que s'il existe un certain risque associé à l'innovation de la cigarette électronique – une nouvelle technologie n'étant jamais sans défauts –, il faut le comparer aux dangers qui nous attendent si nous ne saisissons pas cette occasion d'éradiquer le fléau du tabagisme. (Yach, D., Sweanor, D. « Looking for the next breakthrough in tobacco control and health », *South African Medical Journal*, 2013, vol 103 n° 11, p. 810-811.

Dans ce livre, le Dr Philippe Presles, médecin et tabacologue, a fait un travail remarquable pour expliquer, tant aux fumeurs sans aucune notion médicale qu'aux professionnels de la santé, tout ce qu'il est utile de savoir sur la cigarette électronique.

Comme nous le faisons avec toutes les technologies qui font leur entrée dans le domaine de la santé, il faut aborder la cigarette électronique avec prudence et discernement. C'est exactement ce qui a guidé le Dr Presles, qui a rédigé avec une grande intelligence cet excellent ouvrage.

Martin Juneau, MPs, MD, FRCP(C)
Cardiologue
Directeur de la Prévention
Institut de Cardiologie de Montréal
Professeur Agrégé de clinique
Faculté de Médecine
Université de Montréal

À propos de l'auteur

Philippe Presles est médecin, tabacologue et rédacteur en chef du site e-sante.fr. Il dirige l'Institut Moncey qu'il a fondé dans le but de vulgariser les messages utiles pour la santé de tous et pour concevoir des programmes de prévention. Également économiste de la santé (diplômé du MBA du groupe HEC), il réalise chaque année le palmarès des établissements de santé pour *Le Nouvel Observateur*. Son objectif est de donner à chacun les moyens de mieux gérer sa santé, en toute liberté et en toute connaissance de cause. Il a publié *Prévenir – Infarctus, cancers et maladie d'Alzheimer* aux Éditions Robert Laffont (avec le Dr Catherine Solano en 2006) et *La Grippe aviaire: comment s'y préparer?* aux Éditions Jacob Duvernet (en 2007). Il a lancé le 7 octobre 2013, un appel signé par neuf autres spécialistes, pour la reconnaissance par les médecins de la cigarette électronique.

Philippe Presles a fumé dès l'âge de 14 ans jusqu'à ses 28 ans et a rechuté une fois pendant deux ans.

Il est devenu régulièrement fou quand il n'avait plus de tabac et aurait adoré essayer les e-cigarettes pour arrêter de fumer, au lieu de souffrir le martyre. Il les a essayées comme tabacologue pour pouvoir les conseiller à ses patients et ses lecteurs.

Pour tout savoir sur l'actualité de l'auteur,
rendez-vous sur
www.philippepresles.com ou Facebook

Mon credo : « Rien que pour le plaisir »

Je dois l'avouer, même si je suis tabacologue aujourd'hui et ex-fumeur, le tabac m'a apporté des plaisirs intenses et m'a accompagné pendant tous les moments forts de ma jeunesse. Oui, j'ai beaucoup aimé fumer, avec de grandes sensations de jouissance et quelquefois d'euphorie.

Je dois aussi l'avouer, le tabac m'a également fait vivre mes pires moments d'impuissance, comme fumeur et comme tabacologue. Souffrir de ce manque insupportable quand on a décidé de reprendre sa liberté est vraiment très pénible. Voir les autres s'aigrir de leurs fiascos l'est tout autant. Et reprendre le tabac après un échec de sevrage est presque toujours humiliant et éprouvant pour l'image de soi.

Jouissance et impuissance semblent aller de pair avec le tabac… C'est ce que je pensais, comme vous peut-être, jusqu'à ce que je croise la cigarette électronique. Franchement, cela paraît incroyable d'entendre un de ses utilisateurs dire : « J'en ai acheté une il y a plusieurs jours et depuis, sans m'en rendre compte, je n'ai plus touché à mon paquet de cigarettes… » Et pourtant j'entends souvent ce type de témoignage, raconté par des fumeurs qui n'en reviennent toujours pas d'avoir tourné la page de la cigarette aussi facilement ! Bien entendu, cela ne se passe pas à tous les coups comme cela. Certains continuent de fumer un peu tous les jours, d'autres le week-end. D'autres, plus rares, fument et vapotent tout autant. D'autres enfin n'y arrivent pas mieux avec leur e-cigarette, et abandonnent.

Comment faire pour se libérer facilement du tabac avec la cigarette électronique ? Tout simplement – et c'est mon credo – en ne tentant pas d'arrêter de fumer immédiatement, mais en prenant vraiment le temps de découvrir le plaisir de vapoter. Vous le savez bien, dès que l'on se dit : « Demain, j'arrête de fumer », l'angoisse nous travaille au point de tout nous gâcher. Nous allons vers la liberté du futur non-fumeur comme nous allons à l'abattoir. Ce n'est vraiment pas l'idéal ! Découvrez donc la cigarette électronique sans aucune pression ni aucune arrière-pensée perturbante d'arrêt du tabac, et soyez tout à votre exploration de cette nouvelle sensation.

La cigarette électronique a ainsi fait tomber pratiquement tous les dogmes que j'avais appris, puis défendus, en tant que tabacologue. Ces croyances censuraient l'ancien fumeur en moi, sauf pour dire : « Je vous comprends, c'est très difficile d'arrêter de fumer. Mais je vais vous aider… » J'ai appris avec elle pourquoi les patchs et les autres substituts nicotiniques étaient si rarement efficaces (et pourtant si utiles quand ils sont bien utilisés) et pourquoi le plaisir était si important à respecter et à bien comprendre. J'ai aussi compris comment mieux conseiller les fumeurs dans leurs projets de sevrage, que je ne conçois plus sans leur proposer un essai de la cigarette électronique dans de bonnes conditions.

Reste à bien saisir la nature du plaisir de fumer, que l'on retrouve en grande partie dans celui de vapoter. Ce plaisir reste très mystérieux, même pour les chercheurs qui n'ont toujours pas réussi à proposer une explication unanimement reconnue. Et comprendre ce plaisir, c'est forcément se comprendre un peu soi-même… Car beaucoup de fumeurs sont des hédonistes dans l'âme, des épicuriens pour qui l'un des sens de la vie est de rechercher les plaisirs qu'elle nous offre.

Reste aussi à réussir cet essai et à bien savoir comment marche la cigarette électronique, comment bien la choisir, comment bien l'utiliser, comment utiliser des patchs en même temps si nécessaire et comment en profiter pleinement tout en arrêtant de fumer en douceur.

Reste enfin à se prémunir contre les quelques idées fausses qui commencent à circuler sur les cigarettes électroniques du fait de la multiplicité des acteurs en jeu, notamment de l'industrie du tabac. Il est important de connaître la vérité sur la cigarette électronique pour se faire sa propre opinion.

Introduction

La première fois que j'ai fumé, j'ai trouvé ça dégoûtant. Comme tout le monde ou presque. Je n'aimais pas le tabac et j'en avais été écœuré par un père chauffard qui fumait sans cesse en conduisant. Puis, à l'âge de 14 ans, j'ai été puni au collège et retenu un week-end au pensionnat. Mes amis fumeurs m'ont initié à la Gitane, une cigarette brune particulièrement forte. Il fallait bien s'occuper... Je toussais, ma gorge me brûlait, mais je ne voulais pas avoir l'air d'un con... Et j'ai continué en achetant des Peter Stuyvesant mentholées, plus douces, en étant sûr que je pourrais m'en passer quand je voudrais... La suite de l'histoire, vous la connaissez si vous êtes fumeur. J'ai régulièrement essayé d'arrêter, pour rechuter sans cesse dès le lendemain matin.

Mais je n'ai pas tenté d'arrêter tout de suite, tant s'en faut ! Car j'aimais fumer et ce plaisir ne m'a pas quitté pendant une bonne dizaine d'années. C'était pour moi l'un des plaisirs rois, celui dont je n'envisageais pas une seconde de me passer.

Deux années après mes débuts de fumeur, mon père commença à se douter. Nous étions en Haute-Savoie, pendant nos vacances d'été, quand il me demanda : « Sincèrement aujourd'hui, tu préfères une tablette de chocolat ou un paquet de cigarettes ? » Allais-je encore lui mentir ? Il m'avait interdit de fumer et il m'avait mis en garde contre les dangers du tabac. « C'est vrai, je fume maintenant. Et le chocolat m'intéresse beaucoup moins… » Nous avons alors fumé notre première cigarette ensemble, mon père me disant que je n'étais qu'un petit con, et lui un grand.

Le lendemain j'allais, avec mon ami Alain, à la maison Davidoff à Genève. Nous y trouvions de petites pipes en terre, avec de longues tiges, et nous raffolions de goûter de nouveaux tabacs et faire nos propres mélanges. Nous adorions aussi admirer les étalages de cigares, de cigarillos, et humer cette bonne odeur de havane qui embaumait le magasin. Quel plaisir de se retrouver le soir avec nos emplettes, à découvrir tout au long des vacances…

Ce plaisir est difficile à comprendre pour les non-fumeurs. Comment leur dire que tout devenait meilleur avec une cigarette ? Je me souviens, par exemple, que l'un des plus grands plaisirs de ma vie a été de nager à Tahiti[1] vers l'un des petits motus du lagon pour y fumer tranquillement. Une fois sur ces îles, on pouvait en effet admirer le paysage, faire la sieste

1. J'y ai fait ma dernière année, avant de faire mes études de médecine à Bordeaux.

sous un cocotier, plonger et nager autour, etc. Un moment toujours paradisiaque. Et un jour, je me suis dit que ce bonheur serait parfait si j'y venais avec quelques cigarettes sur moi… J'y suis parvenu en vidant un tube étanche de médicaments et en y plaçant trois cigarettes, un grattoir et quelques allumettes. Ce n'était pas la première fois que j'allais sur ce motu en nageant, mais c'est la seule dont je me souviens…

C'est étrange ce pouvoir du tabac de rendre notre vécu plus mémorable, plus intense, comme un exhausteur de bons moments. C'est un peu pour le fumeur, le sel du bonheur et le baume du malheur.

J'ai passé toutes mes études de médecine à fumer, partageant ce plaisir avec beaucoup d'amis. C'était très courant à l'époque à tel point que nous fumions dans les salles de garde, dans nos chambres et au réfectoire. Il m'est même arrivé de partager des cigarettes avec des patients pour discuter plus tranquillement. Franchement, à cette époque, je ne souffrais pas du tabac, bien au contraire. Et je souffrais d'autant moins que j'étais très sportif et en grande forme physique.

Et puis en fin d'études, alors que j'avais 24 ans, j'ai travaillé tout un été comme infirmier en réanimation pneumologique. Ce fut un travail très pénible. Il faisait chaud et l'air était irrespirable. Nos malades étaient tous des fumeurs en phase terminale de leur insuffisance respiratoire. Ils n'arrivaient plus à respirer, même avec leurs bonbonnes d'oxygène. Alors on les branchait sur un respirateur automatique qui leur poussait de l'air enrichi en oxygène dans les poumons. Ils étaient conscients et devaient laisser faire la machine, sinon elle se bloquait et sifflait. Ils ne pouvaient plus parler avec leur tuyau dans la bouche, scotché sur leurs lèvres sèches. Ils nous regardaient avec des yeux effarés, quand ils ne dormaient pas de guerre lasse. Enfin le jour, car la nuit les rendait fous. Certains se débattaient pour arracher leur tuyau et mourir enfin. Alors on leur attachait les bras aux barrières de leur lit et ils nous regardaient avec un mélange de haine et de pitié. J'avais l'impression d'être un bourreau.

Avaient-ils mérité cette mort atroce pour avoir fumé vingt, trente, ou quarante ans ? Non, bien sûr, et je regardais mes cigarettes d'une nouvelle façon. Cela m'a pris quatre ans pour arrêter de fumer. Chaque fois je pensais à eux, et à chaque fois que je rechutais je me disais que j'étais au bagne. À l'époque, il n'y avait pas de substituts nicotiniques et encore moins de cigarettes électroniques.

Heureusement, j'ai fini par consulter un confrère, particulièrement intelligent, qui m'a secoué. Il m'a demandé de reculer. « Encore un peu s'il vous plaît. Voilà. Excusez-moi, mais votre haleine est insupportable… » Ce qu'il a dit ensuite, je ne m'en souviens plus. Il m'a parlé des cancers, des infarctus, mais je ne l'écoutais plus. Une mauvaise haleine, insupportable ? Cette idée m'était intolérable.

Le week-end suivant, je me suis enfermé dans mon appartement avec rien que du thé et du riz, pour éviter les tentations de fumer liées à la cuisine ou au café. Et j'ai bu du thé. Et j'ai mangé du riz. Et je devenais fou. Je mettais la musique à fond, puis je m'effondrais. J'avais vidé les lieux de tout alcool, car je savais qu'un simple verre de whisky ou de vin me ferait craquer. Je me faisais les nerfs en pleurant et en chantant. Cela a duré trois jours, très durs, surtout le premier et le deuxième. Mais j'y suis arrivé et je suis resté presque dix ans sans fumer.

Jusqu'au jour où, alors que j'avais un gros travail à rendre pour le lendemain, avec une nuit blanche en perspective, j'ai croisé un ami qui m'a dit: «Tu sais, finalement, le seul vrai stimulant du cerveau que l'on connaisse, c'est la nicotine...» Je suis sorti acheter un paquet de cigarettes juste pour la nuit, des Peter Stuyvesant, et j'en ai repris pour deux ans. J'en ai beaucoup voulu à mon cerveau d'avoir écouté ces sornettes et de m'avoir convaincu que je pouvais y aller sans risque. Quand nous sommes en manque, notre cerveau est prêt à tout pour nous faire fumer... Et j'étais en manque près de dix années après. Ce fut une vraie surprise.

J'ai dû me refaire un week-end d'horreur en jurant qu'il n'y en aurait pas de troisième. Et j'ai réussi, car j'ai compris que je serai à vie un ancien fumeur, ne pouvant pas goûter un cigare de temps en temps, ou une pipe, rien que pour l'odeur. Non, je n'avais plus confiance en moi.

Puis j'ai fait une découverte effrayante: le tabac est de loin l'ennemi numéro un de notre société.

Un chiffre m'effare toujours : au xxe siècle, le tabac a tué plus de 100 millions de personnes, soit plus que toutes les guerres. Cent millions de morts dans la bonne humeur et le plaisir de faire des ronds de fumée. Si on calcule qu'une bombe nucléaire comme celle d'Hiroshima ou de Nagasaki a tué 100 000 personnes, alors le tabac a représenté, à lui tout seul, 1 000 bombes atomiques au xxe siècle, soit pratiquement une par mois…

C'est pour cela que je suis devenu tabacologue, pour aider mes semblables fumeurs comme je le fus. Et chaque fois que l'un d'entre eux s'arrête de fumer avec mon aide, je suis le plus heureux des hommes : pour un médecin, il n'y a rien de plus grand.

Et ma motivation est renforcée, car il existe aujourd'hui de nombreuses solutions pour arrêter efficacement, au premier rang desquelles la cigarette électronique et les substituts nicotiniques à fortes doses. Mais il existe aussi de nombreuses idées fausses qui nous gâchent la vie et nous enchaînent à notre sort.

Reste le regret de ne pas pouvoir fumer toute sa vie tranquillement, sans souffrir un jour ou l'autre des complications du tabac. Sur ce plan, nous sommes nombreux à penser que la vie est mal faite, mais c'est vrai de la plupart des plaisirs qui ont tous leurs versants noirs. Si le tabac tue 73 000 personnes par an en France, l'alcool ne s'en tire pas mal avec 49 000 tués annuels. Et que dire du sucre qui constitue la troisième cause de mortalité au monde avec le diabète[1] qu'il provoque ? Ou du sel, si bon dans nos plats, fromages et charcuteries et qui nous donne de l'hypertension artérielle (première cause de mortalité dans le monde, suivie du tabac) ?

Mais nous savons tous que continuer de fumer un peu, juste pour le plaisir, ne marche pas avec le tabac. C'est la raison pour laquelle j'ai déconseillé à mes enfants de fumer et je le déconseille vraiment à tout novice. C'est malheureux, mais dans une société qui fabrique des cigarettes toutes prêtes par milliards, il n'y a absolument pas de place pour une consommation limitée et occasionnelle, si tant est que celle-ci soit réellement possible. Pendant la guerre, les gens fumaient toutes sortes d'herbes pour pallier la pénurie !

J'ai donc prescrit des substituts nicotiniques à des doses de plus en plus fortes, comme la plupart de mes confrères tabacologues, pour soulager le plus possible les fumeurs de leurs signes du manque. J'ai aussi prescrit la lecture du livre d'Allen Carr[2] pour ceux qui n'y arrivaient pas avec les substituts et qui me semblaient pouvoir bénéficier de sa méthode. Hypnose, acupuncture, auriculothérapie, homéopathie, j'ai tout conseillé. Aucune de ces méthodes n'était parfaite, n'empêchait le fumeur d'éprouver bien des souffrances, mais tout bon résultat était à considérer.

---

1. *Global Health Risks : Mortality and Burden of Disease Attributable to Selected Major Risks*, Geneva, World Health Organization, 2009.

2. Allen Carr, *La Méthode simple pour en finir avec la cigarette*, Pocket, 2011.

C'est dans cette logique que je me suis intéressé à la cigarette électronique. La lecture des forums était prometteuse : certains blogueurs expliquaient qu'ils vapotaient avec un grand plaisir et se détournaient de la cigarette sans même y penser…

J'ai donc proposé à l'une de mes patientes de s'y mettre. Elle était victime d'un cancer de l'ovaire et voulait à tout prix arrêter le tabac. Elle prenait des patchs à forte dose, des pastilles de nicotine à volonté, mais avait toujours du mal à y arriver. Le test de la cigarette électronique fut très concluant, lui permettant de ne plus du tout avoir envie de fumer, de ne plus prendre de pastille et d'arrêter les patchs progressivement en trois mois. Elle ne fume toujours pas, elle vapote et elle aime ça !

Cela va faire plus d'un an que je conseille aux fumeurs désireux d'arrêter le tabac d'essayer la cigarette électronique, et j'ai ainsi pu me rendre compte de ce qui marchait pour eux, et des pièges qu'ils pouvaient rencontrer, surtout au début. J'ai aussi pu consolider ma nouvelle conviction : la cigarette électronique est de loin la meilleure façon de se libérer du tabac, à condition de s'y mettre « rien que pour le plaisir », sans aucune pression de sevrage immédiat.

L'ESSENTIEL À COMPRENDRE

La cigarette électronique en deux mots

La cigarette électronique, telle qu'on l'utilise maintenant, a été inventée en 2003 pour procurer au fumeur un plaisir similaire à la cigarette classique, sans en contenir les produits les plus dangereux pour la santé. Les modèles sont très performants depuis 2011 et ne cessent de progresser.

C'est un dispositif électronique qui génère de la vapeur d'eau à partir d'un liquide contenant le plus souvent de la nicotine. Cette vapeur peut être inhalée pour reproduire la sensation des bouffées de la cigarette.

La e-cigarette est composée de trois parties, dont une cartouche qui se remplit avec le liquide à vaporiser :

1. la batterie et son chargeur pour l'énergie : elle conditionne la durée d'autonomie ;
2. l'atomiseur qui est une résistance chauffant le liquide pour le vaporiser : il influe beaucoup sur la qualité de la vapeur ;
3. le réservoir ou cartouche qui contient le liquide (ou e-liquide) qui peut se remplir ou bien qui doit être

changé comme on renouvelle une cartouche d'encre. Il se termine par un embout à travers lequel on aspire.

L'atomiseur et la cartouche peuvent, dans certains modèles, former un seul bloc.

Le e-liquide est composé :

- À 95 %, de deux composants de base, le propylène glycol (PG) et le glycérol (ou encore glycérine végétale) qui ont pour propriété de former de la vapeur avec les molécules d'eau contenues dans l'air ambiant. Leur usage est très courant dans l'alimentation, les cosmétiques ou les médicaments, pour empêcher les produits de se dessécher (comme pour le pain de mie par exemple). Le PG sert aussi à produire la fumée des spectacles. Le e-liquide contient aussi des arômes pouvant être très divers, de tabac bien sûr, mais aussi de fruits, de chocolat, de café, ou d'autres goûts « gourmands », etc.
- Les 5 % restants peuvent être constitués d'eau, d'alcool, de colorants, de conservateurs, comme beaucoup de produits de consommation aujourd'hui.
- Il peut enfin contenir de la nicotine, selon plusieurs dosages en fonction des besoins du vapoteur. L'objectif de la nicotine est de prévenir les signes du manque et de contribuer au plaisir du vapotage.

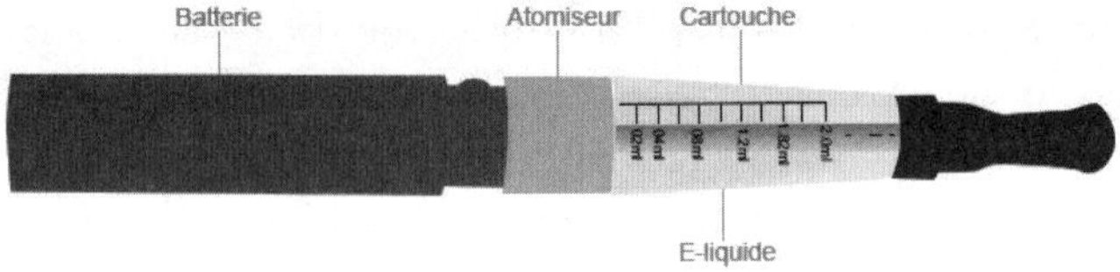

La grande ressemblance avec la cigarette : le plaisir de vapoter

La première fois que j'ai essayé une cigarette électronique pour me faire une idée, en tant que tabacologue, j'ai été complètement surpris. Elle ressemblait à un gros stylo et elle était complètement froide. Je l'avais achetée pour l'offrir à un ami, en espérant l'aider à quitter le tabac en douceur. Je lui ai dit que j'aimerais bien l'essayer avec lui, car à force d'en conseiller et d'entendre des témoignages autour de moi, je voulais vraiment me rendre compte par moi-même.

Un essai pour se rendre compte

Dans le paquet, il y avait deux modèles, nous en avons préparé un sans nicotine pour moi (je ne voulais surtout pas me faire piéger !) et un avec nicotine pour lui. Et nous avons commencé notre essai…

Dès la première bouffée, je me suis mis à sourire. Je jouais avec la vapeur en la faisant passer de la bouche par le nez pour l'inhaler ensuite comme j'aimais bien le faire quand j'étais fumeur. La vapeur me fit un peu tousser au début, puis je m'y suis rapidement habitué. Je me suis revu étudiant à Bordeaux, en train de lire dans ma chambre tout en savourant ma cigarette. J'ai ressenti une vraie joie, comme celle que l'on éprouve en retrouvant le paysage de son lieu habituel de vacances après une année d'absence. Les souvenirs arrivent d'un seul coup en flash et on est heureux, tout simplement.

William était lui aussi concentré et souriait tout comme moi. Il était également mystifié. « Alors ? lui demandai-je. – C'est étonnant, me dit-il. Ce n'est pas une cigarette, mais le plaisir est là, très voisin. »

Ce qui lui a plu immédiatement, c'est la vapeur parfumée au tabac, le plaisir d'inhaler, proche de celui de la cigarette, mais plus doux. Le plaisir de sentir vraiment le parfum du tabac, celui qu'on aime humer en roulant la cigarette dans ses doigts quand on la sort du paquet, cet arôme qui est complètement dégradé par la combustion. « Cela ressemble au narguilé pour les sensations, ajouta-t-il, et l'effet est aussi rapide. Et comme avec un narguilé nous avons le temps, nous n'avons pas à nous dépêcher de fumer avant que la cigarette ne se consume. C'est beaucoup plus cool... »

William ne touche plus de cigarette de toute la semaine depuis qu'il dispose de son e-cigarette qui le satisfait pleinement (comme la majorité des fumeurs qui se lance, comme nous le verrons). Je lui avais seulement dit « essaye cela pour voir ». Aujourd'hui, William ne fume plus que quelques fois le week-end, quand il est avec ses amis fumeurs. Il n'ose pas encore sortir son modèle devant les autres. « Mais je ne vais pas tarder à le faire, car ils en parlent... »

Surtout, William a retrouvé son souffle et son odorat. Cela lui permet d'apprécier d'autres parfums que celui du tabac, comme ceux aux fruits. « C'est surprenant, mais très agréable. On a envie de tout essayer... »

Le plus étonnant, c'est l'étonnement !

Le plus étonnant quand on va sur les forums, ou que l'on visionne des vidéos de nouveaux vapoteurs sur YouTube, c'est leur étonnement. La vapeur fonctionne comme la fumée, et on peut en obtenir plus ou moins selon sa façon de procéder. Mais les testeurs sont surpris par leur adhésion instantanée à l'objet, qui leur fait complètement délaisser le tabac sans qu'ils n'y soient pour rien. C'est comme si leur « fumeur interne » était content et allait tout seul vers la e-cigarette, sans trop d'efforts, rien que pour le plaisir...

Une bonne façon de se rendre compte de cet étonnement est d'aller dans les magasins de cigarettes électroniques et de discuter avec les fumeurs lors de leurs essais. Ils cherchent pour la plupart un « hit » qui ressemble à celui qu'ils obtiennent avec la cigarette. L'effet obtenu est surprenant, au point qu'ils font plusieurs essais en levant des yeux introspectifs au plafond, pour savoir quel parfum et quel dosage de nicotine leur conviennent le mieux.

La cigarette électronique déclenche en effet ce même hit, ou gratouillis au fond de la gorge, déclic réflexe d'un plaisir immédiat. C'est aussi pour cela qu'elle marche si bien : plaisir de la bouffée, de sa densité, de sa chaleur, de son parfum, de tout ce qui fait le hit, dont la nicotine et la vitesse du soulagement recherché. Du coup, on ne ressent plus de manque, ou beaucoup moins, et on peut découvrir tranquillement un nouveau plaisir.

Une véritable communauté

En arrêtant de fumer, mon regret a toujours été d'être régulièrement séparé de mes amis fumeurs. Ils se regroupaient dehors, dans la rue, pendant que je restais papoter avec les non-fumeurs dans le restaurant ou dans le bar. Je regrettais aussi la communauté des cigarettes échangées, du feu que l'on se passe en protégeant l'allumette du vent, des exclamations des premières bouffées complices, et des premières paroles mêlées de fumée.

J'ai été ravi de retrouver une nouvelle communauté avec les vapoteurs, tout aussi fraternelle, et d'une certaine manière plus dynamique que celle des fumeurs. Car les vapoteurs parlent beaucoup de leurs expériences, de leurs essais, de leurs techniques, de leurs plaisirs. La cigarette avait un côté plus entendu : on partageait la fumée, on ne la commentait que rarement, sauf lorsqu'il s'agissait d'un nouveau cigare.

J'ai même remarqué que voir quelqu'un vapoter permettait d'engager la conversation très facilement, et d'établir de nouvelles relations sur une base très sympathique. En tout cas, les vapoteurs apprécient de ne plus être exclus comme lorsqu'ils étaient fumeurs. Cela compte aussi beaucoup.

Être plus autonome et faire des économies

Il est une satisfaction du vapoteur qu'on ne peut ignorer : son plaisir lui coûte beaucoup moins cher, et il ne dépend plus des tabagies ou du feu qui peut manquer. Il ne dépend que de l'électricité et de son stock de e-liquide, stock qu'il peut se constituer facilement sur Internet ou en magasin. Les autres composantes de la e-cigarette sont des consommables, notamment les différents atomiseurs. Dès lors qu'il dispose de deux cigarettes électroniques, comme tous les kits en proposent aujourd'hui, le vapoteur a toujours une solution de rechange.

Le plaisir de faire des économies dépend bien sûr de la façon de procéder de chacun. Celui qui se contente d'un kit de base et l'entretient bien dépensera trois à quatre fois moins qu'il ne gaspillait en tabac. Cela donne de l'air… Cela donne aussi une impression de liberté, très appréciable pour un fumeur qui se sent piégé par le système.

Le vapoteur est ainsi beaucoup plus autonome qu'un fumeur. Il reprend le contrôle, notamment en choisissant ses dosages de nicotine (beaucoup les diminuent au fur et à mesure du temps) et ses différents modèles de batteries ou d'atomiseurs. Il choisit aussi ses magasins, ses sites Internet, ses conseillers, notamment sur les blogues.

Et cette liberté, c'est aussi le plaisir pour beaucoup de ne plus dépendre du tabac et de pouvoir vivre sereinement sans, tout en gardant les côtés jouissifs de la cigarette, les bouffées, les hits, la nicotine et les différentes saveurs propres à la e-cigarette comme celles au tabac, mais aussi aux fruits, au chocolat, et aux autres goûts les plus divers, etc. C'est aussi pour beaucoup une profonde libération que de tourner la page du tabac et des mauvais souvenirs de leurs multiples tentatives de sevrage qui, dans plus de 90 % des cas, se soldent par un échec, même avec des patchs ou des gommes.

C'est donc un univers plus serein et beaucoup moins dépendant. C'est aussi un monde où il y a beaucoup plus d'entraide et de partage d'expériences, car de nombreux vapoteurs aiment raconter leurs découvertes, les pièges dans lesquels ils sont tombés, comme les bonnes surprises.

La grande différence avec la cigarette : l'absence de combustion

Si la cigarette électronique procure un réel plaisir, au point que les fumeurs se détournent souvent spontanément de leurs cigarettes, elle présente aussi un atout majeur qui fait toute la différence : l'absence de combustion. Avec la cigarette, le tabac brûle à plus de 850 °C, alors que dans la e-cigarette le liquide est vaporisé à 60 °C. Cela change tout !

C'est la combustion du tabac qui est dangereuse

L'une des idées fausses les plus courantes que je rencontre est le fait de croire que le plus dangereux dans la cigarette, c'est le tabac ou la nicotine ! C'est faux. Tout le danger vient de la combustion, car c'est elle qui produit les toxiques qui agressent les fumeurs, dont les principaux sont le monoxyde de carbone, les goudrons et les particules fines. Autrement dit, en évitant la combustion, la e-cigarette élimine les produits reconnus comme les plus dangereux de la cigarette.

Ce constat est à la base de l'invention de la e-cigarette par Hon Lik qui, fumeur lui-même, voulait protéger son père des produits toxiques de la cigarette. Bien qu'il soit grandement malade, son père n'arrivait pas à s'arrêter de fumer. Il fallait donc lui trouver une solution procurant les mêmes satisfactions, mais sans les dangers.

Cette notion de danger de la combustion est très importante à comprendre, car toute plante qui brûle, comme du tabac ou de l'herbe, produit les mêmes goudrons et autres produits toxiques. Le tabac en lui-même n'est pas si dangereux.

En Suède, par exemple, l'usage des snus est très répandu. Les snus sont des petits sachets de tabac que l'on place entre la gencive et la joue pour les chiquer. Et la nicotine passe à travers la muqueuse de la joue sans aucune fumée. Il est maintenant bien établi que les snus ne sont responsables d'aucun infarctus et d'aucun cancer du poumon[1]. Ils augmenteraient seulement très légèrement le risque, beaucoup plus rare, de faire un cancer du pancréas, sans que l'on sache bien pourquoi. Vous l'avez compris : ils sont infiniment moins dangereux que la cigarette, car il n'y a pas de combustion. Il a même été démontré que pour un fumeur, arrêter de fumer ou changer ses cigarettes contre des

1. Luo J., Ye W., Zendehdel K., et al., *Oral Use of Swedish Moist Snuff (snus) and Risk for Cancer of the Mouth, Lung, and Pancreas in Male Construction Workers: a Retrospective Cohort Study*, The Lancet, 2007; 369: 2015-2020.

snus avait le même impact positif sur l'augmentation de la durée de vie[1].

Vous pouvez vous demander pourquoi on n'a pas autorisé la vente des snus dans le reste de l'Europe (la Suède a obtenu une dérogation), ce qui aurait permis de sauver beaucoup de vies. C'est une triste histoire qui illustre le poids des lobbies. C'est en effet un scandale qui fit capoter une tentative de légalisation du snus en Europe en 2009. La société de snus suédois, Swedish Match, l'a provoqué en dénonçant la tentative d'un lobbyiste de leur vendre, pour 60 millions d'euros, son intervention auprès du commissaire européen à la santé, qui était de la même nationalité que lui…

À ce stade, retenons que ce qui est dangereux dans la cigarette, c'est la combustion du tabac et essayons de comprendre pourquoi.

Le monoxyde de carbone

Le monoxyde de carbone (CO) est formé à partir de la combustion de toute matière organique, que celle-ci soit du tabac, de l'herbe, du bois ou du gaz naturel. C'est pour cela que les chauffages au gaz peuvent être dangereux s'ils sont mal réglés. Car le monoxyde

1. Gartner E. G., Hall W. D. et al., *Assessment od Swedish Snus for Tobacco Harm Reduction: an Epidemiological Modelling Study*, Lancet, 2007; 369: 2010-2014.

de carbone peut être mortel à forte dose et il tue chaque année une centaine de personnes en France[1].

Même un feu de cheminée peut produire trop de monoxyde de carbone, notamment s'il brûle à feu couvert ou si l'évacuation de la fumée n'est pas bonne. C'est ainsi qu'Émile Zola et son épouse Alexandrine sont décédés dans la nuit du 29 septembre 1902, dans leur sommeil, par la combustion lente résiduelle d'un feu dans la cheminée de leur chambre[2].

Dans le cas des fumeurs, il ne s'agit pas d'une intoxication aiguë[3] bien sûr, mais d'une intoxication chronique. Mais celle-ci passe par le même mécanisme : le CO se fixe sur l'hémoglobine des globules rouges du sang et prend la place de l'oxygène. Or l'hémoglobine est le pigment rouge du sang qui transporte l'oxygène des poumons jusqu'aux autres organes, et

1. Sante.gouv.fr, *Intoxications au monoxyde de carbone : les chiffres – la surveillance.*

1er octobre 2012. En 2009, dernière année pour laquelle des chiffres sont disponibles, on dénombrait quatre-vingt-douze décès par intoxication au CO.

2. H. Mitterand, « L'honneur » *Biographie d'Émile Zola Vol. 3*, p. 795 et s.

3. Cette intoxication aiguë par le monoxyde de carbone se traduit essentiellement par des maux de tête, des vertiges, des malaises et des nausées. Le CO ne sentant rien, les victimes ne pensent pas souvent au gaz et se croient grippées ou patraques. Jusqu'à ce qu'elles perdent connaissance si elles ne sortent pas rapidement de la pièce. Le CO donne aussi des troubles des sens, du sommeil, de la mémoire, de l'attention, et des douleurs thoraciques, abdominales ou musculaires.

ramène le gaz carbonique dans l'autre sens. À cause du CO, le fumeur est donc en déficit permanent d'oxygène, et cela a des conséquences graves pour sa santé.

Le manque d'oxygène est ainsi responsable du vieillissement accéléré de l'organisme au niveau de tous les organes. Cela se voit surtout au niveau de la peau dont le teint est grisâtre et qui est plus ridée. Elle peut paraître jusqu'à dix années plus âgée ! Mais il en est de même de tous les autres viscères qui souffrent tout autant. Globalement, notre organisme de fumeur est en mauvais état et il vieillit beaucoup plus vite.

C'est aussi le manque d'oxygène qui explique en partie pourquoi les bébés de fumeuses peuvent faire, à la naissance, jusqu'à 10 % de leur poids en moins par rapport à la normale. Et il faut bien imaginer que ce sont tous leurs organes qui ont souffert pendant la grossesse. C'est la raison pour laquelle il est si important de ne pas fumer quand on est enceinte.

Non seulement le CO prive l'organisme d'oxygène, mais il est aussi directement toxique pour la paroi des artères, provoquant leur fibrose et la formation de plaques d'athérome qui les obstruent. Cela explique aussi toutes les maladies des vaisseaux que l'on rencontre surtout chez les fumeurs, comme l'artérite des membres inférieurs ou encore les dysfonctions érectiles à partir de l'âge de cinquante ans. Sans oublier les infarctus du myocarde et les attaques cérébrales.

Mon objectif n'étant pas de faire un catalogue des méfaits du tabagisme, retenons à ce stade que toutes les complications que je viens de vous décrire ne s'expliquent que par la combustion du tabac. Sans combustion, il n'y a pas de production de CO et donc aucune augmentation de ces maladies. Autrement dit, en choisissant la cigarette électronique on arrête déjà d'aggraver sa santé avec tous les effets nuisibles du monoxyde de carbone, c'est-à-dire pour les principaux, l'infarctus du myocarde, l'attaque cérébrale, l'artérite des membres inférieurs et les dysfonctions érectiles. Ces risques diminuent de plus en plus avec le temps et, à court terme, on retrouve une sexualité plus performante, ce que décrivent très bien les vapoteurs.

Les goudrons

Si la combustion est seule responsable de la production de CO, avec ses conséquences dramatiques sur le cœur et les artères, elle est aussi seule responsable de la production des goudrons qui sont les principales substances cancérigènes contenues dans la fumée du tabac.

D'une manière générale, les goudrons sont formés lors de la combustion de toute substance organique, comme pour la houille ou le pétrole. Souvenez-vous : quand vous voyez des ouvriers couler du goudron sur la route, celui-ci est brûlant et ils utilisent des gants. C'est ce que nous faisons avec nos poumons en fumant !

Dans le cas du tabac, sa combustion produit jusqu'à 10 mg de goudrons par cigarette, qui sont directement inhalés. Les goudrons sont des cancérigènes puissants, au premier rang desquels on trouve hydrocarbures aromatiques polycycliques dont les benzopyrènes.

Les goudrons de la fumée du tabac se déposent dans les muqueuses des voies respiratoires, qu'ils tapissent comme des routes. Ils sont directement responsables des cancers ORL (bouche, cavum, pharynx, larynx) et broncho-pulmonaires des fumeurs. Ils sont aussi responsables du tiers des cancers de la vessie qu'ils provoquent lors de leur élimination urinaire. Les goudrons participent enfin à l'augmentation des maladies cardiovasculaires chez les fumeurs.

Les particules fines et les autres substances toxiques de la fumée du tabac

La combustion du tabac libère aussi des particules fines capables de se déposer au plus profond des poumons ainsi que d'autres substances cancérigènes comme l'acide cyanhydrique, les nitrosamines, des dioxines, des métaux lourds comme le cadmium et le mercure.

Outre l'accroissement majeur des cancers des voies aériennes, mais aussi des autres cancers en général, ces substances toxiques, dont les goudrons et les particules fines, obstruent peu à peu les bronches. En effet, la muqueuse pulmonaire agressée produit davantage de mucus pour les évacuer, alors que dans le même temps, les cils vibratiles dont le rôle est d'éliminer ce mucus sont eux-mêmes affectés par tous ces toxiques. C'est ainsi que les fumeurs toussent souvent, si ce n'est tous les jours, soit d'une toux sèche due à l'irritation, soit d'une toux grasse liée à l'obstruction. Ils sont plus souvent atteints par les infections broncho-pulmonaires, qui détruisent leurs poumons et les amènent progressivement à la bronchite chronique (ou BPCO : broncho-pneumopathie chronique obstructive), à l'emphysème (destruction des alvéoles pulmonaires), puis à l'insuffisance respiratoire chronique dont je vous ai parlé en introduction.

C'est la combustion de toute plante qui tue

Mais notez bien que la combustion de toute plante produit le même monoxyde de carbone, les mêmes goudrons, les mêmes particules fines et les mêmes produits toxiques. Les fumées d'un feu de bois ou d'un joint de cannabis sont aussi dangereuses que celle du tabac ! L'une des seules différences provient des produits additionnés par les industriels du tabac, comme l'ammoniaque, qui fut initialement ajoutée pour induire une accoutumance plus forte et plus rapide. Merci à Philip Morris pour cette grande innovation qui a fait le succès de sa Marlboro[1]…

La différence majeure est donc que l'on ne retrouve aucun des grands poisons de la cigarette avec la ciga-

1. L'ammoniaque augmente le pH de la fumée du tabac qui s'enrichit alors en nicotine libre. Celle-ci entre plus rapidement dans l'organisme et augmente de ce fait la dépendance. C'est ce même procédé chimique que l'on retrouve dans la cocaïne « freebase » ou crack.

rette électronique : il n'y a pas de combustion et vos poumons respirent de nouveau. Tous les vapoteurs signalent que très rapidement leur souffle revient avec l'abandon du tabac au profit de la e-cigarette. Quant aux risques de cancers et d'infarctus, vous cessez de les augmenter dès lors que vous vous mettez à vapoter et que vous ne fumez plus. Ces mêmes risques liés au tabagisme passif disparaissent eux aussi, épargnant l'entourage. « Vapoter n'est pas fumer », disent les amateurs de cigarettes électroniques, et cette absence de combustion leur donne complètement raison.

Seul point commun entre cigarette et cigarette électronique : la nicotine

La nicotine est ainsi le principal produit commun entre la cigarette et la cigarette électronique quand on l'utilise avec un e-liquide nicotiné. La bonne question est donc bien : la nicotine consommée en fumant du tabac, en utilisant des substituts nicotiniques ou encore en vapotant des cigarettes électroniques est-elle dangereuse pour la santé des fumeurs, ou des récents ex-fumeurs ?

La réponse est non. La nicotine n'est responsable d'aucune des maladies du tabac. Elle ne provoque aucun infarctus, aucun accident vasculaire cérébral, aucun cancer, aucune maladie respiratoire, etc. Elle est néanmoins responsable de la dépendance au tabac et donc du tabagisme qui pousse le fumeur à s'exposer aux dangers de la combustion du tabac. Mais si elle est prise seule, sans la combustion, pour ne pas subir son manque comme avec les substituts nicotiniques, elle ne provoque pas de maladie et ne présente pas de danger pour la santé.

On « patche » les fumeurs venant de faire un infarctus du myocarde

Non seulement la nicotine n'est pas dangereuse pour les fumeurs, mais elle est indispensable pour les aider à arrêter de fumer après une maladie grave. Quand l'un d'entre eux vient de faire un infarctus du myocarde par exemple, la moindre cigarette peut lui être fatale. Et le risque est tellement grand que l'on ne peut se contenter de simplement lui dire « arrêtez de fumer ! »

C'est la raison pour laquelle les recommandations de la Haute autorité de santé (HAS) sont de prescrire systématiquement des substituts nicotiniques à dose suffisante chez tous les fumeurs hospitalisés pour un infarctus du myocarde, et ce dès leur sortie des soins intensifs[1]. Car le tabac est le deuxième facteur de risque retrouvé chez les victimes d'un infarctus du myocarde après l'excès de cholestérol dans le sang[2].

Donc on les patche et, idéalement, ils devraient voir un tabacologue avant de sortir de l'unité de soins

1. Recommandation de la HAS. Syndrome coronarien et tabac : prise en charge spécifique en cardiologie au décours d'un syndrome coronarien aigu. http://www.has-sante.fr/portail/upload/docs/application/pdf/scatabac_synthese_biblio.pdf

2. Yusuf S., Hawken S. et al., *Effect of Potentially Modifiable Risk Factors Associated with Myocardial Infarction in 52 Countries (the INTERHEART Study) : Case-control Study*, Lancet, published online September 3, 2004.

intensifs, de manière à bien personnaliser leur traitement nicotinique en fonction de leur niveau de dépendance. Ce qui compte vraiment pour eux, c'est de ne plus fumer du tout.

Mais la dépendance au tabac est vraiment terrible: j'ai vu beaucoup de patients, victimes d'un infarctus, refumer dès la première semaine. Du coup, s'ils ont un ou plusieurs patchs ou s'ils prennent d'autres substituts nicotiniques, ils ont moins de risque de refumer. En tout cas, ils fumeront moins, ce qui est essentiel. Notons que la cigarette électronique n'a jamais été étudiée dans cette indication.

On peut néanmoins affirmer que, dès lors que l'envie de fumer aura été grandement diminuée par des patchs et d'autres substituts à dose élevée, il est préférable pour les patients fumeurs de craquer pour une cigarette électronique plutôt que pour une cigarette classique, s'ils ne peuvent éviter un écart. En tant que médecins, notre message est «Plus jamais de tabac après un infarctus». Ce message est le même après tout accident cardiovasculaire, comme une attaque cérébrale.

Quant aux cancers, ils ne sont pas davantage favorisés par la nicotine, celle-ci ne provoquant aucune mutation génétique et n'ayant aucun effet cancérigène. Là encore, seuls les produits de la combustion du tabac, comme les goudrons, sont cancérigènes.

Un surdosage grave de nicotine est-il possible ?

Le surdosage de la nicotine, vous le connaissez bien quand il vous est arrivé de participer à des soirées enfumées ou de fumer vous-même comme un pompier. Vous vous sentiez nauséeux, migraineux, faiblard avec un pouls accéléré. Cela ressemble à la gueule de bois en beaucoup moins fort. Mais cela ne donne pas envie de recommencer et on se dit : « Plus jamais cela... » Cela dit, j'ai rencontré beaucoup de fumeurs capables de griller deux à trois paquets de cigarettes dans une journée sans se plaindre de rien... J'ai passé tous mes examens et concours comme cela.

Oui, mais se diront certains, « si je fume comme un pompier, est-ce que je n'augmenterais pas mes risques si en plus je vapote ou que je prends des substituts nicotiniques ? » Là encore, la réponse est non, car nous disposons tous d'un organe merveilleux qui assure notre autorégulation nicotinique : notre cerveau.

Quel que soit notre usage, la nicotine que nous ingérons passe dans le sang et vient se fixer sur des récepteurs situés dans notre cerveau. Nous avons en effet des récepteurs à la nicotine en nous et c'est pour cela que cette substance a des impacts aussi puissants[1].

1. C'est l'une des preuves que nous partageons une origine commune avec les plantes et que nous dérivons de la même biomasse vivante. Il en est ainsi pour d'autres molécules issues des plantes comme nos récepteurs morphiniques pour l'opium.

Et quand ces récepteurs sont saturés, nous n'avons plus envie de fumer, de vapoter ou de sucer des pastilles. Cette autorégulation, en place chez tous les fumeurs, s'appelle l'« autotitration ». Grâce à ce phénomène, le titre (ou le dosage) en nicotine de l'organisme est constamment mesuré en fonction de la saturation de ces récepteurs.

C'est ainsi qu'à chaque prise, nous absorbons en moyenne 1 à 2 mg de nicotine et nous attendons que son niveau dans le sang soit de nouveau abaissé pour recommencer. C'est comme la faim en quelque sorte. À l'issue du repas, nous sommes repus et ne voulons plus manger. Il s'agit d'un processus similaire avec la nicotine, même si certains ont tellement de récepteurs qu'ils fument cigarette sur cigarette.

En pratique, nous pouvons donc retenir, pour les fumeurs, que le risque de surdosage grave à la nicotine est quasi inexistant et que si nous vapotons, mettons un patch, ou que nous suçons des pastilles, notre cerveau nous fera automatiquement moins vapoter ou fumer ou sucer d'autres pastilles grâce au phénomène d'autotitration. Il faut donc faire confiance à notre cerveau !

Est-ce que je risque un infarctus si je fume ou si je vapote avec un patch ?

C'est l'idée fausse la plus tenace, celle que l'on entend toujours dans les discussions. La vérité est que vous ne risquez pas davantage de faire un infarctus en fumant avec un patch, qu'en fumant sans patch. N'oubliez pas : ce n'est pas la nicotine qui augmente le risque de faire un infarctus, mais le monoxyde de carbone contenu dans la seule fumée de cigarette. Autrement dit, c'est le seul fait de fumer qui augmente le risque, que vous ayez ou non un patch. Après tout, un patch ce n'est jamais que l'équivalent, en nicotine, d'une cigarette toutes les heures…

Il en est de même avec la cigarette électronique. Le risque est le même, que vous fumiez une cigarette tout en vapotant par ailleurs, ou que vous ne vapotiez pas du tout. Ce n'est que de la nicotine… Et dans les deux cas, la e-cigarette et le patch diminuent le besoin de fumer. Le constat est le même avec toutes les autres formes de nicotine.

Autrement dit, il vaut mieux fumer moins avec une cigarette électronique ou avec des substituts nicotiniques que de fumer autant sans. Cela revient à prendre autant de nicotine et moins de monoxyde de carbone, ce qui est toujours moins néfaste.

Cette idée fausse est terrible et elle explique largement l'échec des substituts nicotiniques : les gens les arrêtent dès qu'ils touchent la moindre cigarette, ce qui arrive dans près de 9 cas sur 10 ! Et nous, les tabacologues, avons beau le répéter à longueur de temps, cela n'y change rien. La force de cette rumeur est que l'infarctus fait peur et qu'on ne veut pas prendre ce risque. C'est tout le génie de l'industrie du tabac de l'avoir inventée et largement colportée.

Répétons donc : fumer avec un patch, ou vapoter avec un patch, ou après avoir pris une forme orale de substitut nicotinique, n'augmente pas le risque de faire un infarctus.

Un empoisonnement à la nicotine est-il possible ?

La nicotine pure a longtemps été utilisée comme un insecticide, car elle paralyse les insectes. Chez l'homme, si elle est prise de manière massive, elle peut devenir un poison, comme c'est le cas de beaucoup de substances utiles. N'oublions pas que c'est la dose qui fait le poison, ce qui est vrai pour pratiquement tous les médicaments, et nombre de produits courants. Selon des sources non référencées, il faudrait qu'un fumeur ingère 120 mg[1] de nicotine d'un coup pour risquer sa vie. Pour vous donner une idée, cela correspond à soixante cigarettes fumées d'un coup, ce qui est énorme, ou à l'ingestion d'un flacon de 10 ml de e-liquide à 12 mg/ml, ce qui est peu.

Nous manquons de recul, mais ce seuil de toxicité pourrait être beaucoup plus élevé, dépendant de la sensibilité de chacun. Ainsi, une femme qui a essayé de se suicider à deux reprises avec des e-liquides n'a présenté aucun symptôme après avoir ingéré 180 mg de nicotine et, lors d'une deuxième tentative, n'a pré-

1. Electronic cigarette (« e-cigarette ») fact sheet. American-Legacy-Foundation. 2009. www.americanlegacy.org/PDFPublications/ElectronicCigarette_FactSheet.pdf

senté que des vomissements importants et des douleurs abdominales après avoir cette fois-ci absorbé 1 500 mg de nicotine[1] (soit 50 ml de e-liquide à 30 mg/ml).

Quoi qu'il en soit, les e-liquides contenant de la nicotine sont considérés comme des produits dangereux. Les vapoteurs doivent apprendre à les manipuler avec précaution pour remplir les réservoirs de leurs cigarettes électroniques. Sachez de plus que chez un non-fumeur, la dose mortelle pourrait être très basse, comprise entre 30 et 60 mg, et qu'elle peut descendre à 10 mg chez un petit enfant. Une fillette de deux ans et demi est ainsi décédée en Israël, après avoir avalé un flacon de e-liquide nicotiné[2].

Heureusement, le cas de cette fillette est exceptionnel, malgré le nombre très important de flacons de e-liquide en circulation (le nombre de vapoteurs est de sept millions rien qu'en Europe). Néanmoins, il faut rendre ses réserves d'e-liquides inaccessibles, ainsi qu'on le fait avec les autres produits dangereux, comme les alcools, les produits d'entretien, les pesticides, les médicaments et les cigarettes.

1. Christensen L. B., van't Veen T., Bang J., *Three Cases of Attempted Suicide by Ingestion of Nicotine Liquids Used in E-cigarettes*, Clinical Toxicology, 2013.

2. www.timesofisrael.com/police-investating-toddler-death-from-nicotine-overdose/

Le risque de la dépendance à la nicotine

Finalement, le seul danger de la nicotine à craindre chez le fumeur est la dépendance qu'elle entraînerait chez lui, l'empêchant d'arrêter quand il le veut. Cette dépendance serait directement proportionnelle au nombre de récepteurs à la nicotine dont notre cerveau est pourvu. Et sur ce plan, nous ne sommes pas tous égaux. Certains ne vont fumer que quelques cigarettes par jour sans ressentir les effets du manque, alors que d'autres vont fumer cigarette sur cigarette pour lui échapper. Les premiers auraient beaucoup moins de récepteurs à la nicotine que les seconds.

C'est pour cela qu'il est essentiel que les adolescents évitent la nicotine, car elle a un impact beaucoup plus important chez eux que chez les adultes. En effet, on pense aujourd'hui que plus nous commençons de fumer tôt, plus nous fabriquons de ces récepteurs et plus notre niveau de tabagisme est élevé.

La cigarette électronique n'est donc pas une expérience inoffensive chez un jeune n'ayant jamais fumé, et il faut éduquer les adolescents contre toutes les formes de dépendance. D'une manière générale, je préfère dire que l'usage de la cigarette électronique est à déconseiller à tous les non-fumeurs, qu'ils soient mineurs ou majeurs. Je me méfie des interdictions de principe faites aux mineurs qui les poussent à les enfreindre. N'oublions pas que cette stratégie a été largement exploitée par les cigarettiers pour inciter les jeunes à fumer.

Mais tout ceci n'est pas si simple, car en pratique la nicotine est à part. Alors que l'alcool, la morphine, l'héroïne, l'amphétamine et la cocaïne entraînent des comportements excitatifs typiques chez les rats, rien de tel avec la nicotine seule. Et dans les expériences leur permettant d'obtenir des doses supplémentaires, ils le font avec ces drogues, mais jamais avec la nicotine.

Ce constat est paradoxal, car si la nicotine seule ne semble pas addictive, l'usage du tabac l'est au plus haut niveau. Le tabac est ainsi le produit dont le potentiel d'addiction est le plus élevé, soit 22 % chez toute personne qui l'essaye. Cela veut dire que sur cent personnes qui ont essayé le produit, 22 sont devenues dépendantes. C'est absolument considérable, car avec l'alcool par exemple, on observe des taux compris entre 2 et 8 %. Et 90 % des fumeurs réguliers sont dépendants.

Une explication de ce mystère a été proposée par le Pr Jean-Pol Tassin et son équipe[1], qui a découvert que la nicotine était addictive en présence d'un autre produit contenu dans la cigarette, à savoir un antidépresseur naturel de la famille des IMAO (ou inhibiteur de la monoamine oxydase). Il résulte surtout de l'ajout par les cigarettiers de saccharose, de miel et de chocolat, dont le sucre se transforme, après

1. Lanteri C. et al., *Inhibition of Monoamine Oxidases Desensitizes 5-HT1A Autoreceptors and Allows Nicotine to Induce a Neurochemical and Behavioral Sensitization*, The Journal of Neuroscience, January 28, 2009. 29(4) : 987-997.

combustion, en acétaldéhyde, l'un des IMAO naturels parmi les plus puissants[1]...

Les industriels n'ont pas fait exprès de faire cette découverte. Ils voulaient simplement améliorer le goût de leurs cigarettes. Et ils ont observé qu'avec ces additifs, la consommation de cigarettes augmentait...

Que les vapoteurs se rassurent : à 60 °C, le sucre se transforme simplement en glucose et en fructose, des glucides très naturels et pas du tout dangereux. On peut donc a priori vapoter des liquides avec des arômes de chocolat, de miel ou de sucre de canne sans risquer ce danger particulier.

La nicotine pour un hit plus fort

Ce ne serait donc pas uniquement pour assouvir leur dépendance de fumeur que les vapoteurs auraient besoin de nicotine dans leur e-cigarette, mais tout autant pour leur plaisir, notamment celui du hit, dont l'intensité est proportionnelle au taux de nicotine. À défaut d'obtenir ce plaisir, ils seraient moins comblés et souffriraient davantage des signes du manque lié à leur arrêt ou à leur diminution du tabac.

Et sur ce plan, la nicotine se comporte bien comme une drogue euphorique : à l'instar des opiacés, de l'al-

1. Jean-Pol Tassin et Marc Kirsch, « Entretien avec Jean-Pol Tassin », *La Lettre du Collège de France, hors série n° 3 : le tabac*, Collège de France, Paris, février 2010, p. 28-39. ISSN 1628-2329.

cool, de l'amphétamine et de la cocaïne, elle augmente la libération de la dopamine, encore appelée « neuromédiateur du plaisir », dans le centre cérébral de la récompense[1] (ou noyau accumbens).

Mais dans ce cas, qu'est-ce que la e-cigarette apporterait de plus que les substituts nicotiniques ? Ma réponse pourrait vous étonner, mais je vais l'étayer : le VRAI plaisir. Et qu'est-ce qui ferait la différence entre un vrai plaisir et un faux plaisir ? Tout simplement la conscience qu'on en a.

Pour vous l'expliquer, je vais me référer aux travaux du Pr Laurent Bègue sur la différence entre les effets réels et attendus de l'alcool. Dans plusieurs expériences très originales, il a fait boire à des participants une boisson ressemblant en tout point à de l'alcool, mais qui n'en était pas du tout. Ceux qui savaient que cette boisson n'était pas alcoolisée ne modifiaient pas leurs comportements, au contraire de ceux qui pensaient que c'était de l'alcool. Dans ce second cas, ils étaient plus euphoriques, plus désinhibés, plus sûrs d'eux, et ils se pensaient aussi plus attirants[2]. Ils se comportaient en tout point comme ceux à qui on avait fait réellement boire de l'alcool...

---

1. Di Chiara G., Imperato A., *Drugs Abused by Humans Preferentially Increase Synaptic Dopamine Concentrations in the Mesolimbic System of Freely Moving Rats*, Proc. Natl. Acad. Sci. USA, vol. 85, p. 5274-5278, july 1988.

2. Begue L. et al., *Beauty is in the Eye of the Beer Holder: People who Think They are Drunk also Think they are Attractive*, British Journal of Psychology, vol. 104, p. 225-234, 2013.

Autrement dit, penser consommer le produit sans le faire dans la réalité est quasiment aussi efficace que le prendre réellement. Et ce qui est vrai avec l'alcool est probablement aussi vrai avec le tabac. Comme beaucoup, j'ai vécu une expérience opposée qui aboutit à la même conclusion. J'ai une fois dîné dans un restaurant qui proposait de manger dans le noir absolu, pour ressentir le vécu des non-voyants. Nous étions aidés par des aveugles pour nous servir et nous conseiller, mais nous ne savions pas ce que nous mangions, car nous devions le deviner. Je n'ai reconnu aucun plat et le prétendu gâteau au chocolat m'a paru très fade… Pour être complète, notre expérience doit donc être intégrale.

Ainsi, avec les substituts nicotiniques, l'expérience est tronquée, car limitée à la seule prise de nicotine, alors qu'avec la e-cigarette, elle est complète, associant la nicotine au vécu de la vape, très similaire à celui du fumeur comme nous l'avons vu, avec notamment le plaisir de prendre de vraies bouffées.

En conclusion, non seulement la nicotine est quasiment sans danger pour le fumeur ou l'ex-fumeur récent, mais elle contribue à calmer leurs signes du manque. La e-cigarette est plus efficace sur ce plan, car associant nicotine et vécu similaire à celui du fumeur. C'est le principal atout de la e-cigarette, mais c'est un atout majeur… Et nous verrons dans le chapitre approfondissant le plaisir de la vape, que celui-ci est d'autant plus intense et complet, que l'on ne cherche pas à arrêter de fumer à tout prix, mais que l'on vapote « rien que pour le plaisir ».

La cigarette électronique est-elle sans danger ?

À chaque fois que je conseille à un fumeur de se mettre à la cigarette électronique pour essayer, il me pose systématiquement la question : « Êtes-vous sûr que c'est vraiment sans danger ? »

Je lui réponds alors : « Ce dont je suis sûr, c'est que le tabac est le pire des dangers pour vous et qu'avec la e-cigarette vous allez éliminer les grands poisons du tabac. Donc vous allez arrêter d'augmenter vos risques de cancer, d'infarctus, de bronchite chronique, etc. Ensuite, je suis certain que la nicotine est sans danger pour votre santé. Enfin, je suis sûr que les autres produits utilisés dans la cigarette électronique sont des produits d'usage très courant et que vous en consommez déjà chaque jour depuis longtemps, sans vous en rendre compte. Par ailleurs, les informations que l'on commence à avoir et qui nous donnent du recul sont rassurantes : les millions de vapoteurs qui utilisent quotidiennement les e-cigarettes à travers le monde aujourd'hui ne rapportent pas de complications graves, mais bien au contraire le soulagement d'en avoir fini avec le tabac. Vous avez donc tout à gagner à vous mettre à la cigarette électronique. »

En résumé, avec toutes les connaissances dont nous disposons aujourd'hui, nous pouvons dire que la cigarette électronique est pratiquement dénuée de danger pour un fumeur désireux de quitter le tabac.

On cherche la petite bête à la cigarette électronique !

Pourtant, on lui cherche la petite bête à cette cigarette électronique, et on voit passer régulièrement des articles ou des communiqués qui soulèvent la question de son innocuité. L'OMS (Organisation mondiale de la santé) a même pris une position de réserve en juillet 2013, en affirmant que l'organisation « ne dispose pas de preuve scientifique permettant de confirmer l'innocuité et l'efficacité du produit » et que de ce fait elle en déconseille l'usage tant que la e-cigarette n'aura pas été validée comme sûre et efficace par un organisme de réglementation national compétent[1]. Le moins que l'on puisse dire, c'est que cela refroidit…

Notons quand même que pour l'OMS, dès lors qu'elle déconseille l'usage de la e-cigarette à tous, y compris à ceux qui ont échoué leur sevrage avec les

1. Questions and answers on electronic cigarettes or Electronic Nicotine Delivery Systems (ENDS). www.who.int/tobacco/communications/statements/eletronic_cigarettes/en/index.html

substituts nicotiniques, cela revient à leur recommander de préférer fumer plutôt que vapoter. Autrement dit, il vaut mieux utiliser un poison dont on est bien certain de la grande toxicité, qu'un dispositif dont l'innocuité théorique est nulle pour un fumeur et dont il ne manque que le label reconnu d'un organisme officiel. Si l'on est plutôt optimiste on pourra penser qu'il s'agit d'une mauvaise application du principe de précaution. Si l'on est plutôt pessimiste on pourra se dire que de grands lobbies sont à l'œuvre, alertés par le succès phénoménal de la e-cigarette dont les adeptes triplent chaque année selon une dynamique exponentielle…

Le propylène glycol et la glycérine

Il se trouve que l'Office français de prévention du tabagisme (OFT) est une association reconnue d'intérêt général depuis 1998 et qu'il a publié en 2013 un rapport[1] très complet sur la cigarette électronique avec le soutien de la Direction générale de la santé. Dans ce rapport il est confirmé « que les recherches de cancérigènes dans la vapeur de la e-cigarette n'identifient actuellement aucun produit cancérigène "probable" ou "certain" pour l'homme ».

Ainsi, on ne retrouve dans la vapeur de la e-cigarette aucune particule (donc pas de goudrons), ou microparticule (donc pas de particules fines),

1. Rapport et avis d'experts sur la e-cigarette, OFT, mai 2013.

ni de monoxyde de carbone, donc aucun des trois grands poisons contenus dans la fumée du tabac. On ne retrouve que quelques produits irritants, comme le formaldéhyde, mais à des taux cinq à dix fois inférieurs, ou de l'acroléine mais à des taux quasi indétectables.

Au total, la vapeur de la e-cigarette contient essentiellement de l'eau, de la nicotine (si elle en contient), du propylène glycol et du glycérol, les deux principaux composants des liquides.

Comme nous l'avons vu plus tôt, le propylène glycol (PG) et le glycérol (ou encore glycérine végétale ou VG) sont des composés d'usage très courant, retrouvés dans de nombreux produits alimentaires, cosmétiques, ou des médicaments, car ils sont inoffensifs et ont pour propriété de garder l'humidité des articles qui les contiennent. Légèrement chauffés, ils forment de la vapeur d'eau avec les molécules d'eau en suspension dans l'air ambiant: c'est le principe de base de la e-cigarette. De la même façon, le PG est aussi utilisé pour produire de la vapeur dans les spectacles. Le e-liquide peut enfin contenir des arômes (de tabac, de fruits, ou autres goûts divers, soit plus de trois cents saveurs...).

Si comme moi vous faites une recherche sur les éventuels effets toxiques du propylène glycol (PG) et du glycérol (VG), vous ne trouverez rien. Ce sont deux sucres qui sont immédiatement métabolisés dans l'organisme en acide lactique (pour le PG) et en acide pyruvique (pour les deux), deux molécules complètement banales que nous fabriquons en grande quantité tous les jours pour les dégrader ensuite, comme avec tous les sucres[1]. Retenez que notre organisme est naturellement équipé pour les métaboliser dans un processus tout à fait physiologique. Leur utilisation est inoffensive et on les retrouve donc dans de très nombreux produits d'usage courant.

Le PG est ainsi un humidifiant qui empêche la déshydratation de pains et de pâtisseries industrielles. Émulsifiant, liant et épaississant, il est utilisé pour les crèmes, les entremets et les sauces. C'est un solvant de colorants et d'arômes alimentaires, utilisé également dans les sirops, les pommades, solutions oculaires et nasales en pharmacie. Il est aussi très utilisé en cosmétique et au final dans de très nombreux produits quotidiens.

Le glycérol a des propriétés voisines de celles du PG. Il est également très avide d'eau, ce qui explique aussi sa propriété à former de la vapeur. Il résulte de l'hydrolyse de graisses végétales et est utilisé dans de très nombreux produits de consommation[2].

Devant cette impuissance à trouver des produits vraiment dangereux pour la santé dans la vapeur de la e-cigarette, certains experts s'interrogent sur l'effet à long terme des arômes inhalés, derniers composants

1. *Via* le cycle de Krebs.
2. Le propylène glycol et le glycérol sont aussi utilisés dans les cigarettes classiques pour garder la bonne humidité du tabac.

que nous n'avons pas encore passés en revue... Il est vrai qu'il reste toujours une petite part d'inconnu, mais elle n'est pas très grande. De plus, nous disposons déjà d'études pour nous rassurer. Les arômes en question sont pour leur grande majorité des arômes alimentaires autorisés depuis longtemps. Et quand on les applique en laboratoire sous forme de vapeur à des cultures de cellules, celles-ci ne meurent pas, alors que les fumées du tabac les tuent[1].

Les principaux arômes pour lesquels il existe aujourd'hui quelques réserves sont ceux à base de cannelle[2] dont la toxicité sur les cellules a été montrée, le menthol chez ceux qui y sont allergiques, la réglisse chez les hypertendus, et le diacétyle[3] qui serait potentiellement responsable, à très forte quantité inhalée, de bronchiolites oblitérantes[4].

---

1. www.absolut-vapor.com/e-cigarette-eliquide/Flavour_Art_%2°Absolut%20Vapor.pdf

2. «Cytotoxicity Evaluation», 30 juillet 2012. http://cleastream.flavourart.it/site/wp-content/uploads/DATI/3/update4/0748-12.pdf

3. Le diacétyle est retrouvé dans de nombreux arômes alimentaires: beurre, lait concentré, yogourt, fromage, cappuccino, croissant, noix de coco, olive, melon, vanille, rhum, tiramisu.

4. Les autres composants de ces e-liquides sont les transporteurs d'arômes (acétine, diacétine, solanone) et l'acide lactique pour son amertume. On trouve un tout petit peu d'alcool dans quelques produits pour augmenter le hit (à bien vérifier si vous ne buvez jamais d'alcool). On trouve enfin quelques impuretés spécifiques du tabac sans danger pour la santé sous forme de traces (anatabine, anabasine, nornicotine, bêta-nicotyrine, N-oxyde de nicotine, cotinine, myosmine et nitrosamines).

Au total, les principaux poisons du tabac sont éliminés de la e-cigarette et ce qui reste n'est pas vraiment inquiétant. Le Pr Jean-François Etter confirme ainsi que « vapoter pourrait réduire les risques de 99 % à 99,9 % par rapport au tabac[1] ».

Ce n'est donc pas en vapotant que l'on va prendre de gros risques pour sa santé ! Et depuis plusieurs années que ces e-cigarettes existent, on n'a observé que deux cas de complications pulmonaires (pneumonie lipidique[2]) chez des personnes qui avaient, de leur propre initiative, ajouté des huiles dans leurs e-liquides. Retenons qu'il ne faut pas trafiquer ses e-liquides, cela relève du bon sens.

Nous pouvons donc conclure que les cigarettes électroniques correspondent vraiment à des formes douces de nicotine, au même titre que les substituts nicotiniques, sauf qu'elles sont beaucoup plus efficaces pour aider les fumeurs à arrêter leur tabagisme comme nous le verrons très bientôt.

Qu'en est-il de la qualité de la fabrication des e-cigarettes ?

La plupart des cigarettes électroniques commercialisées dans le monde, et une grande partie des

---

1. Jean-François Etter (Préface de Gérard Mathern), *La Vérité sur la cigarette électronique*, Fayard, 2013.

2. BBC News, 20 mars 2011 et McCauley L., Markin C., Hosmer D, *An Unexpected Consequence of Electronic Cigarette Use*, Chest Apr 2012 ; 141(4) : 1110-1113.

e-liquides, proviennent de Chine[1]. Cela a un côté rassurant, car c'est l'industrie chinoise qui produit de nos jours presque la moitié des médicaments du monde. C'est aussi elle qui fabrique une grande partie de nos smartphones et ordinateurs, nettement plus complexes à manufacturer, y compris les derniers iPhone ou Samsung dont nous sommes nombreux à être accros... Cette qualité se retrouve dans nombre de modèles de e-cigarette et produits disponibles.

Mais cela n'est pas une garantie, car de nombreuses copies tant de médicaments que de dispositifs divers viennent également de Chine. Par ailleurs, plusieurs fabricants de e-liquides les produisent à partir de nicotine et d'autres composés importés de Chine. Autrement dit, la provenance de vos dispositifs ou liquides n'est qu'une indication, qui ne vous exonère pas de vous informer sérieusement de la qualité de vos achats.

Heureusement, des tests sont régulièrement faits par des acteurs indépendants, et la teneur en nicotine affichée sur les flacons des produits les plus vendus correspond généralement bien à la valeur mesurée[2]. Les fabricants ont du reste tout intérêt à fidéliser leurs clients grâce à de bons produits leur procurant pleinement satisfaction.

1. Pour l'essentiel à Shenzhen, à la périphérie de Hong Kong, soit environ deux cents usines. Parmi elles seules, deux sont autorisées à extraire la nicotine du tabac. La troisième zone de production avec contrôle de toute la chaîne est américaine.

2. Etter J.-F., Zäther E., Svensson S, *Analysis of Refill Liquids for Electronic Cigarettes*, Addiction, May 23, 2013.

Quels sont les effets mesurables du vapotage sur l'organisme ?

Les effets physiologiques de l'inhalation de la vapeur de la e-cigarette sont extrêmement limités. Ils sont considérés comme nuls sur le cerveau, et quasi nuls sur le cœur. C'est ainsi que si quatre paramètres de la fonction cardiaque sont perturbés après une cigarette, rien de tel après une e-cigarette[1]. Par ailleurs si le pouls du fumeur s'accélère de 10 % après une cigarette, ce n'est pas le cas chez le vapoteur. Idem pour la tension artérielle, elle ne bouge quasiment pas après une e-cigarette[2]. Surtout, les artères coronaires, qui irriguent le cœur et dont les spasmes peuvent donner des infarctus, voient leurs calibres se rétrécir après l'inhalation de fumée du tabac. Rien de tel ne se produit en inhalant la vapeur d'une cigarette électronique[3], ce qui confirme bien l'absence de risque de faire un infarctus du myocarde avec seulement de la nicotine.

1. Farsalinos K. et al, *Acute Effects of Using an Electronic Nicotine-delivery Device (e-cigarette) on Myocardial Function: Comparison with the Effect of Regular Cigarettes*, Présenté à l'ESC Congress, 2012.

2. La tension systolique (le grand chiffre) est augmentée de 8 % après une cigarette et inchangée avec une e-cigarette. Seule la tension diastolique (le petit chiffre) serait un peu augmentée de 4 % avec la e-cigarette contre 6 % avec la cigarette.

3. Farsalinos K., Tsiapras D., Kyrzopoulos S., Voudris V., *Acute and Chronic Effects of Smoking on Myocardial Function in Healthy Heavy Smokers: a Study of Doppler Flow, Doppler Tissue Velocity, and Two-dimensional Speckle Tracking Echocardiography*,

L'effet de la e-cigarette est ainsi quasi nul sur la circulation sanguine et sur le cœur. En revanche, il est modéré sur la fonction respiratoire. On observe ainsi un léger rétrécissement du calibre des bronches chez le vapoteur, mais deux fois moindre que chez le fumeur[1], ce qui reste un progrès appréciable. Pour ma part, ce résultat ne m'étonne pas vraiment, car j'ai observé un phénomène similaire sur moi en entrant dans un hammam ou en commençant une inhalation pour une bronchite par exemple. La vapeur d'eau un peu chauffée entraîne une légère constriction réflexe des bronches qui fait souvent un peu tousser au début. Mais ce qui compte, c'est l'amélioration globale de la fonction respiratoire, à savoir le souffle. Tous les vapoteurs que je connais m'ont dit que leur souffle s'était nettement amélioré après deux ou trois semaines. Malheureusement, cette évaluation n'a pas encore été faite en laboratoire.

Des effets secondaires très limités

Dans le rapport de l'OFT, on peut lire que « les patients se plaignent plutôt moins d'effets secondaires avec la e-cigarette qu'avec l'inhalateur Nicorette®, un

---

Echocardiography, 2013 Mar; 30(3): 285-292. doi: 10.1111/echo.12052. Epub 2012 Nov 27.

1. Le VEMS (volume expiré maximal en une seconde) diminue ainsi de 3 % chez le vapoteur contre 7,2 % chez le fumeur. Flouris A. D., Chortis M. S. et al., *Acute Impact of Active and Passive Electronic Cigarette Smoking on Serum Cotinine and Lung Function,* Inhal Toxicol, 2013 Feb; (2): 91-101.

substitut nicotinique reconnu[1] ». Cela donne une idée générale du faible niveau des effets indésirables notés avec la e-cigarette.

Ceux-ci sont effectivement très limités et sont dus essentiellement au pouvoir humidifiant du propylène glycol et du glycérol. Pour produire leur vapeur, ces deux molécules, une fois chauffées, vont condenser autour d'elles les molécules d'eau à leur portée, dans l'air, mais aussi dans votre bouche, votre nez et dans vos bronches. D'où cette impression de gorge sèche et irritée que décrivent les vapoteurs, ou encore de toux sèche. Vous savez maintenant pourquoi et vous savez que c'est très banal. Il suffit pour cela de boire un peu plus d'eau au fur et à mesure de la journée et idéalement en vapotant. Vapoter donne soif, voilà son effet secondaire principal.

Les autres effets secondaires décrits sont des nausées dans 18 % des cas, un hoquet ou des flatulences et des maux d'estomac dans 5 % des cas. Les e-cigarettes peuvent aussi donner des vertiges, des maux de tête et des palpitations, signes classiques dus à la nicotine à forte dose. Bien entendu, les autres effets secondaires de la prise de nicotine peuvent théoriquement être retrouvés, mais ceux-ci sont insignifiants pour un fumeur.

1. Bullen C., Mc Robbie H., et al., *Effect of an Electronic Nicotine Delivery Device (e-cigarette) on Desire to Smoke and Withdrawal, Users Preferences and Nicotine Delivery: Randomised Cross-over Trial*, Tob Control, 2010 Apr; 19(2): 98-103.

Une étude réalisée sur quatorze schizophrènes dans le cadre d'un sevrage tabagique avec la e-cigarette[1] a permis d'enregistrer un suivi sur une année. On peut ainsi constater qu'ils étaient 7 % à noter une irritation de gorge et 28 % une toux sèche au premier mois. Au troisième mois, l'irritation de gorge avait disparu et la toux ne concernait plus que 7 % des fumeurs, puis 0 % au sixième mois. Idem pour les maux de tête et la nausée qui concernaient 14 % d'entre eux au premier mois et 7 % à la fin du troisième mois.

Enfin, aucun signe de manque de nicotine n'a été rapporté chez aucun d'entre eux, soit 0 % de fringales, de constipation, d'insomnie, d'irritabilité, d'anxiété ou de dépression.

Autrement dit, hormis une irritation due à la sécheresse de la gorge et une toux sèche que nombre de vapoteurs décrivent, les effets secondaires des e-cigarettes sont négligeables une fois passée une période d'habituation d'un mois ou deux en moyenne. Il faut donc simplement penser à boire un peu plus. On peut aussi lire sur les forums que boire davantage permet de diminuer les éventuels maux de tête. C'est bon à savoir.

Il faut aussi prendre en compte le fait que l'arrêt du tabac entraîne une toux bronchique pendant plu-

1. Caponnetto P., Auditore R. et al., *Impact of an Electronic Cigarette on Smoking Reduction and Cessation in Shizophrenic Smokers: A prospective 12-Month Pilot Study*, Int. J. Environ. Res. Public Health, 2013, 10, 446-461.

sieurs semaines, ainsi que des irritations de la bouche, probablement selon un processus d'élimination des toxiques de la cigarette. Ces deux signes peuvent donc aussi être perçus positivement…

Qu'en est-il des effets à long terme ?

Reste la question de l'effet à long terme de la cigarette électronique que nous ne connaissons pas faute d'un recul suffisant. Bien entendu, il faut comparer cette relative inconnue avec la certitude de mourir d'une maladie du tabac dans un cas sur deux si l'on fume. À l'évidence, rien de tel ne sera possible avec la e-cigarette, dénuée des principaux fléaux du tabac, dont le monoxyde de carbone, les goudrons et les particules fines.

C'est ce constat qui a permis à l'Office français de prévention du tabagisme de conclure dans son rapport que : « La e-cigarette, bien fabriquée et bien utilisée, est en elle-même un produit qui présente des dangers infiniment moindres que ceux de la cigarette, mais les dangers ne sont pas totalement absents[1]. »

Mais si effectivement nous ne disposons pas de certitude quant à l'absolue innocuité de l'inhalation de propylène glycol ou de glycérol à long terme, ni des arômes ajoutés, leur innocuité à court terme est très rassurante. Autrement dit, il vaut mieux accep-

1. Rapport et avis d'experts sur la e-cigarette, OFT, Mai 2013.

ter cette petite part d'inconnu, que prendre le risque infiniment plus dangereux de fumer.

Peut-on devenir dépendant de la cigarette électronique ?

La réponse est oui dès lors qu'on l'utilise avec un e-liquide nicotiné. En effet, on considère généralement que le niveau de dépendance que peut provoquer un produit est lié à une vitesse à laquelle il procure un taux maximal de nicotine dans le sang.

Ce taux maximal est plus rapidement obtenu avec la cigarette électronique qu'avec les substituts nicotiniques, car 18 % des gouttelettes inhalées pénètrent dans les alvéoles pulmonaires[1] et que la nicotine se retrouve à des doses similaires chez les anciens fumeurs devenus vapoteurs, correspondant au double des doses obtenues avec les substituts[2].

Ainsi, en terme de rapidité de l'obtention du soulagement du manque de nicotine, les cigarettes électroniques se situent entre les cigarettes classiques et les formes orales de substituts nicotiniques. Selon ses utilisateurs, l'effet de la cigarette électronique est

1. Zhang Y., Sumner W., Chen R. R., *In Vitro Particule Size Distributions in Electronic and Conventional Cigarette Aerosols Suggest Comparable Disposition Pattern*, Nicotine and Tobacco Research, October 4, 2012.

2. Vansickel A. R., Eissenberg T. E., *Electronic cigarettes: Effective Nicotine Delivery after Acute Administration*, Nicotine and Tobacco Research, February 6, 2012.

certes un peu moins rapide que celui des cigarettes classiques, mais beaucoup plus rapide qu'avec les gommes[1] ou les inhalateurs[2].

Mais deux faits sont intéressants à noter. Le premier est que les cigarettes électroniques sont constamment améliorées sur le plan technique et que les vapoteurs progressent aussi dans leur usage. C'est ainsi que pour beaucoup d'entre eux, l'effet qu'ils obtiennent est aussi rapide avec une e-cigarette qu'avec une cigarette classique. Surtout, on observe une tendance des vapoteurs à diminuer spontanément les doses de nicotine qu'ils utilisent dans le temps[3], et souvent dès le premier mois. Sur ce plan, la cigarette électronique se comporte de manière très différente des substituts nicotiniques, ce qui est très appréciable.

Surtout, la dépendance éventuelle à la cigarette électronique n'est pas responsable d'addiction, dès lors que l'addiction se définit comme « une relation de dépendance à une substance ou à une activité qui

1. Bullen C., McRobbie H. et al. *Effect of an Electronic Nicotine*, *op. cit.*

2. McQueen A., Tower S. et al., *Interviews with « Vapers » : Implication for Future Research with Electronic Cigarettes*, Nicotine Tob Res, May 12, 2011.

3. Farsalinos K. E. et al., *Evaluating Nicotine Levels Selection and Patterns of Electronic Cigarette Use in a Group of « Vapers » who had Achieved Complete Substitution of Smoking*, Substance abuse : Research and Treatment, September 3, 2013.

a de graves conséquences sur la santé[1] ». Ce n'est pas le cas de la e-cigarette, qui évite au fumeur de s'exposer davantage aux toxiques contenus dans la fumée du tabac.

Autrement dit, la dépendance à la e-cigarette serait moins forte, ce qui aiderait au sevrage dans le temps.

Qu'en est-il du vapotage passif?

Reste la question d'une possible toxicité pour les non-vapoteurs qui se tiendraient à côté de vous. Rappelons au préalable que le tabagisme passif est une calamité : les non-fumeurs exposés à la fumée du tabac pouvant eux-mêmes être victimes de cancers, d'infarctus du myocarde ou d'attaques cérébrales. Sur ce plan, on peut déjà considérer que l'absence des principaux produits dangereux pour la santé dans la vapeur de la e-cigarette est un atout essentiel. Les risques de tabagisme passif, les tumeurs et les maladies cardiovasculaires ne sont en effet pas susceptibles d'être reproduits avec la cigarette électronique, qui n'a pas d'influence connue sur leur survenue.

De plus, les gouttelettes liquides qui composent la vapeur de la e-cigarette ne portent pas loin et disparaissent très vite, leur demi-vie[2] étant de onze secondes contre quinze minutes pour la fumée du

1. Définition du *Petit Robert*.

2. La demi-vie est le temps au bout duquel la moitié d'une substance a été éliminée.

tabac. Seule une exposition aux produits chimiques sous forme gazeuse est possible, mais dans son rapport, l'OFT conclut que « même dans les conditions les plus extrêmes, on ne peut atteindre des niveaux réputés toxiques dans une pièce où est utilisée l'e-cigarette ».

Il a été démontré néanmoins que la nicotine contenue dans le gaz des e-cigarettes se retrouve aussi inhalée par les non-fumeurs placés à proximité des vapoteurs[1], mais à des doses dix fois moindres[2]. Il existe donc bien un vapotage passif, mais infiniment moins dangereux que le tabagisme passif. Il est donc important de prévenir les non-fumeurs qu'ils peuvent être exposés à un peu de nicotine, et leur demander leur autorisation, même si cela ne représente aucun réel danger pour eux. C'est un nouveau code de bonne conduite à inventer par les vapoteurs eux-mêmes.

En conclusion, la cigarette électronique tient bien sa promesse d'offrir un plaisir voisin de celui de la cigarette, sans présenter aucun de ses trois principaux dangers, à savoir le monoxyde de carbone, les goudrons et les particules fines. Quant au risque d'usage

---

1. Flouris A. D., Chortis M. S. et al., *Acute Impact of Active and Passive Electronic Cigarette Smoking on Serum Cotinine and Lung Function*, Inhal Toxicol, 2013 Feb; (2): 91-101.

2. Czogala J., Goniewicz M. L., Fidelus B., *Secondhand Exposure to Nicotine, Selected Toxins and Particulates from E-cigarettes in Door Microenvironments*, Conference of the society for reseach on nicotine and Tobacco, SRNT Europe, Antalya, September 9, 2001.

à long terme, même s'il n'est pas encore connu, le recul dont nous disposons aujourd'hui est plutôt rassurant: la e-cigarette est vraiment infiniment moins dangereuse que la vraie cigarette.

La cigarette électronique est-elle réellement efficace pour arrêter de fumer ?

À ce stade, nous savons donc que la cigarette électronique procure un plaisir assimilable à celui d'une vraie cigarette, et qu'elle est quasiment sans danger pour un fumeur. Mais est-elle efficace pour se débarrasser du tabac ou pour fumer beaucoup moins ? À cette question, de nombreux tabacologues répondent par l'affirmative, tant ils sont convaincus par les résultats qu'ils observent chez leurs patients.

Je pense par exemple à Séraphine, cette jeune femme qui fumait depuis plus de dix ans et qui avait été enceinte une première fois sans pouvoir s'arrêter de fumer, malgré toutes ses craintes et tous ses efforts. Cela fait un peu plus d'un mois qu'elle ne fume plus, depuis qu'elle s'est lancée dans la e-cigarette. Et des exemples comme le sien, nous en croisons tous les jours.

À cette même question, des experts affirment cependant que nous ne disposons pas encore d'études cliniques évaluant très précisément leur efficacité. Cette affirmation est discutable car elle correspond à une erreur de jugement comme je vais vous le démontrer.

Les grands principes de l'étude scientifique d'un médicament

Ce qu'attendent ces experts, comme ceux de l'OMS, ce sont des essais contrôlés randomisés (ECR), avec un grand nombre de participants, comme on en fait pour tous les médicaments aujourd'hui. Cette attente paraît tout à fait légitime a priori, car ces protocoles sont très rigoureux scientifiquement. Leur objectif est de mesurer très précisément l'effet du seul médicament en évaluant également l'effet du placebo dans les mêmes conditions. Le placebo est ici un faux médicament, se présentant exactement sous le même aspect, mais ne contenant aucun principe actif. Et ni le participant ni l'expérimentateur ne sont capables de distinguer le vrai du faux: ils se ressemblent complètement, chaque produit étant uniquement repéré par son numéro de lot…

Deux groupes de participants sont ensuite créés au hasard (on parle de groupes randomisés, du mot *random* ou «hasard» en anglais), l'un étant destiné à prendre le principe actif, l'autre le placebo. L'expérimentateur dispose ainsi d'une liste de participants randomisés à son insu, à qui il donne tel ou tel lot… Il ne voit pas ce qu'il donne. Le participant ne voit pas non plus ce qu'il reçoit. On parle d'essai contrôlé randomisé en double aveugle, car on a ainsi éliminé l'influence, favorable ou défavorable de celui qui prescrit et de celui qui reçoit : ils sont tous les deux aveugles !

Et pour que les deux groupes soient parfaitement comparables, les chercheurs exigent que les posologies du médicament et du placebo soient absolument identiques, ce qui paraît très logique et incontestable.

Ces protocoles ne marchent pas avec les substituts nicotiniques

C'est ce que l'on fait avec les substituts nicotiniques, et pourtant les résultats sont aberrants. Prenons un exemple. L'une des dernières études publiées concerne le nouveau vaporisateur de Johnson & Johnson qui permet de pulvériser de la nicotine directement dans la bouche et d'en ressentir l'effet en une minute. Le laboratoire a donc mis en place un essai de type ECR avec des posologies fixées pour les deux groupes. Cette posologie était d'une ou de deux vaporisations toutes les demi-heures au maximum, soit soixante-quatre pulvérisations par jour au maximum. Cette posologie était à réduire de moitié de la septième à la neuvième semaine, pour être réduite à deux à quatre pulvérisations par jour de la dixième à la douzième semaine. Le produit était ensuite arrêté après seulement trois mois de traitement.

Quels ont été les résultats ? Premier constat : 242 patients sur 479 fumeurs ont abandonné l'étude ! Cela représente plus de la moitié, ce qui est énorme ou effarant. Il y a manifestement un gros problème. Deuxième constat : les résultats à un an ont été de 13,8 % de sevrage pour le spray contre 5,6 % pour le placebo[1]. Autrement dit, selon cette étude, cette nouvelle forme de substitut nicotinique n'apporterait pas grand-chose, avec des résultats similaires à ceux obtenus dans toutes les études antérieures avec les substituts nicotiniques…

Tout cela est bien décourageant. C'est d'autant plus déprimant que c'est au vu de ce seul essai que les posologies officielles sont déterminées. Ainsi pour ce spray Nicorettespray®, les autorités ont retenu les posologies de cette étude, soit des doses et un protocole peu efficaces…

De ce fait, si l'ensemble des lecteurs fumeurs de ce livre utilise ce nouveau produit avec ces doses, la moitié abandonnera rapidement, et l'autre moitié souffrira beaucoup du manque, seuls 13,8 % arrivant au final à se libérer du tabac. Peut-on dire que cette posologie est efficace ? Peut-on conclure que cette posologie est la bonne ? Ce protocole de recherche est-il adapté aux substituts nicotiniques ?

Non, évidemment, et vous savez pourquoi. C'est tout simplement que, pour ne pas souffrir du manque – clé de la réussite de tout sevrage tabagique –, c'est le fumeur qui doit décider des doses de nicotine dont il a besoin, en faisant confiance à son cerveau et à

1. Philip Tonnesen, *European Respiratory Journal*, édition en ligne du 9 février 2013.

sa faculté d'autotitration. Et il existe une très grande variabilité des besoins en nicotine de chacun, celle-ci pouvant varier considérablement.

Il faut des protocoles adaptés à la grande variabilité des besoins de nicotine de chacun

Ces protocoles rigides, tant pour les doses que pour les durées, ne sont donc pas du tout adaptés avec des produits de sevrages comme les substituts nicotiniques. La logique est différente de celle d'un antibiotique, pour lequel la dose efficace sera constante, ne dépendant principalement que du poids du participant.

Les essais pour les substituts nicotiniques devraient donc être adaptés aux spécificités des besoins en nicotine de chaque participant : il faut des essais en double aveugle, contre placebo, mais avec des posologies et des durées libres[1]. Et cette liberté est d'autant plus justifiée que la nicotine n'est pas dangereuse du tout pour la santé du fumeur comme nous l'avons vu.

Maintenant que nous avons compris ce biais des essais cliniques de type ECR classique avec les substituts nicotiniques, nous savons aussi pourquoi ceux-ci sont inefficaces aux doses indiquées sur les notices, et

1. Ce problème est aussi rencontré avec d'autres produits indiqués contre les addictions. L'efficacité du baclofène, par exemple, dans le sevrage alcoolique dépend aussi de la possibilité pour les participants de prendre des doses les soulageant vraiment. Les protocoles à doses et à durées fixes obtiennent là aussi de très mauvais résultats.

pourquoi ils marchent si peu. J'affirme que les procédures d'enregistrement officielles de ces médicaments particuliers sont à l'origine de l'échec des substituts dans le sevrage tabagique (ainsi que l'obligation de se sevrer du tabac dès le début de leur prise comme ce fut longtemps imposé). Aujourd'hui dans le monde, moins de 10 % des gens réussissent à arrêter de fumer avec les substituts, ce qui est un énorme gâchis ! Pourtant, comme nous le verrons dans un chapitre ultérieur, ces médicaments peuvent être très efficaces à fortes doses, adaptées librement par chacun, et sur une durée elle aussi librement déterminée.

Les protocoles classiques ne marcheront pas avec la cigarette électronique

À ce point vous devez vous demander ce que de telles études vont donner avec la cigarette électronique et si elles ne vont pas, elles aussi, tuer dans l'œuf ce produit dont le potentiel est si fort. Vous avez des doutes ? Vous avez raison…

Aujourd'hui nous ne disposons que de deux études de type ECR et les résultats ne sont pas bons. Dans la première, ils ne sont que de 13 % d'arrêt du tabac à un an, donc pas mieux que le spray à la nicotine… Mais là aussi la même erreur a été commise. Cette étude comportait trois groupes de cent fumeurs, le premier ne prenant que deux cartouches par jour de 7,2 mg de nicotine, le deuxième deux cartouches de 4,8 mg de nicotine, et le dernier deux cartouches à 2 mg de nicotine, le tout étant limité à trois mois[1]. Les résultats sont tout simplement catastrophiques et n'ont rien à voir avec ce que j'observe autour de moi pour les cigarettes électroniques. Avec ce protocole « classique », 13 % des fumeurs ont réussi à se sevrer dans le groupe à 7,2 mg, contre 9 % dans le groupe à 4,8 mg, contre 4 % dans celui à 2 mg.

Dans la deuxième étude de type ECR, les résultats sont encore plus décevants, car ils ne sont que de 7,3 % d'arrêt du tabac à six mois[2]... Là encore, de nombreuses erreurs peuvent être relevées. Cette étude comportait trois groupes de fumeurs, le premier disposant d'une e-cigarette et d'e-liquides nicotinés, le deuxième d'un simple patch à 21 mg de nicotine pour tous ses membres quel que fut le niveau de tabagisme, tandis que le troisième vapotait des e-liquides sans nicotine, chaque participant étant pourvu de produits ou de patchs pour trois mois. Les résultats observés au sixième mois font le constat d'une absence de différence significative de résultats entre les trois groupes ! Autrement dit e-cigarettes et patchs se vaudraient, et leurs bénéfices ne seraient pas supérieurs à ceux du placebo, à savoir la e-cigarette sans nicotine. Constatons là encore que dans le groupe pourvu de patch

1. Caponnetto P., Polosa R., Essai randomisé (Italie), postée à la conférence SRHT Helsinski 2012, étude non encore publiée.

2. Bullen C. et al., *Electronic Cigarettes for Smoking Cessation : a Randomised Controlled Trial.* www.thelancet.com Published online September 7, 2013. http://dx.doi.org/10.1016/S0140-6736(13)61842-5

les doses n'étaient pas libres, les participants ne pouvant pas prendre en plus des formes orales de nicotine selon leurs besoins comme les bonnes pratiques cliniques le recommandent aujourd'hui. Quant aux groupes e-cigarette, ils ne disposaient que d'un vieux modèle datant de plus de trois ans, ne leur permettant d'obtenir que 20 % de la dose de nicotine qu'ils gagnaient avec leur cigarette, ce qui représente un biais considérable, du reste soulevé par l'auteur lui-même… Or nous avons vu qu'avec les modèles d'aujourd'hui les vapoteurs peuvent obtenir les doses de nicotine dont ils ont réellement besoin.

Les optimistes concluront que la cigarette électronique est aussi efficace que les substituts nicotiniques. Les pessimistes, dont je fais partie, concluront qu'avec ce type d'essai, on ne va pas réussir à convaincre les autorités de pousser la diffusion de la cigarette électronique, ni les tabacologues de les prescrire. Je crains donc qu'avec ce type d'étude nous puissions tuer la e-cigarette et laisser mourir des millions de gens en toute bonne conscience. C'est d'autant plus préjudiciable que ces essais, qui se déroulent sur plusieurs années, seront dépassés lors de leurs publications : les dispositifs des e-cigarettes auront en effet été considérablement améliorés entre-temps.

C'est pour toutes ces raisons que j'affirme que les protocoles de type ECR classiques, avec doses et durées fixes, ne sont scientifiquement pas valables, tant pour les substituts nicotiniques que pour la cigarette électronique. Les seuls protocoles recevables aujourd'hui sont soit les protocoles ECR classiques, mais avec des posologies et des durées libres, permettant aux fumeurs de recevoir autant de nicotine avec leurs dispositifs qu'avec leurs cigarettes, soit les études observationnelles, idéalement prospectives.

Bien utilisées, les cigarettes électroniques sont très efficaces

Les études observationnelles sont tout simplement des enquêtes dans lesquelles on note ce que les gens font avec les produits et les résultats qu'ils obtiennent. Et toutes les études observationnelles font le constat d'excellents résultats avec les cigarettes électroniques. Concrètement, dans toutes ces études, plus des deux tiers, voire les trois quarts des vapoteurs, ont arrêté de fumer… Voici les résultats dans le tableau suivant :

Études	Année	Nombre de participants	Pourcentage de fumeurs ayant arrêté le tabac
Heavner K., tobaccoharm reduction.org[1]	2010	333	79 %
Etter J.-F., Public Health[2]	2010	81	63 %

1. Heavner K. et al., tobaccoharmreduction.org
2. Etter J.-F. *Electronic Cigarettes: a Survey of Users*, BMC Public Health, 2010; 10: 231.

Études	Année	Nombre de participants	Pourcentage de fumeurs ayant arrêté le tabac
Siegel M.B., Am J Pub Health[1]	2011	222	70 %[2]
Etter J.-F., Addiction[3]	2011	3587	77 %
Foulds J., Int J Clin Pract[4]	2011	104	78 %
Goniewicz M.L., Drug Alc Rev[5]	2012	179	66 %
Dawkins L., Addiction[6]	2013	1347	74 %

1. Siegel M. B., Tanwar K. L., Wood K. S., Am J Prev Med., 2011 Apr; 40(4): 472-475.

2. Résultat obtenu chez ceux vapotant plus de vingt fois par jour.

3. Etter J.-F., Bullen C., *Electronic Cigarette, op. cit.*

4. Foulds J., Veldheer S., Berg A., *Electronic Cigarettes (e-cigs): Views of Aficionados and Clinical/Public Health Perspectives,* Int J Clin Pract, 2011 Oct; 65(10): 1037-1042.

5. Goniewicz M. L., Lingas E. O. et al., *Patterns of Electronic Cigarette Use and User Beliefs About Their Safety and Benefits: An Internet Survey,* Drug Alcohol Rev., September 20, 2012.

6. Dawkins L., Turner J. et al., *« Vaping » Profiles and Preferences: an Online Survey of Electronic Cigarette Users,* Addiction 2013; 108, 1115-1125.

Vous observez comme moi que ces résultats vont tous dans le même sens. Ils sont compris entre 63 % et 79 % d'arrêt du tabac et ils sont excellents. En moyenne cela fait un taux de 73 % d'arrêt du tabac chez les 5 843 vapoteurs ayant participé à ces enquêtes…

Cela correspond à ce que j'observe autour de moi : plus de la moitié des vapoteurs que j'ai pu suivre ont arrêté de fumer « naturellement » dès les trois premiers mois. Cela correspond aussi au résultat du sondage affiché sur la page d'accueil du site de l'un des plus importants forums en France, www.forum-ecigarette.com, qui a posé la question suivante à ses blogueurs : « Avez-vous arrêté le tabac depuis que vous êtes passé à la cigarette électronique ? » Parmi les 7 211 participants, 74 % ont répondu « oui »[1] ! Cela laisse en tout cas supposer que des essais contrôlés construits autour de doses et de durées libres pourraient obtenir des résultats très intéressants, à condition de tester des modèles de e-cigarette performants.

Une étude particulière nous laisse entrevoir cette possibilité. C'est celle que nous avons déjà vue dans laquelle il a été proposé à quatorze patients d'utiliser des e-cigarettes pour réduire ou arrêter leur consommation de tabac pendant une année[2]. La liberté de

1. En octobre 2013.

2. Caponnetto P., Auditore R. et al., *Impact of an Electronic Cigarette on Smoking Reduction and Cessation in Shizophrenic Smokers: A Prospective 12-Month Pilot Study*, Int. J. Environ. Res., Public Health, 2013, 10, 446-461.

durée était donc bien là. Quant aux doses, elles étaient malheureusement plafonnées à quatre cartouches de 7,4 mg de nicotine par jour au maximum[1]. Surtout cette dose de 7,4 mg/ml de e-liquide est très basse, car les liquides aujourd'hui peuvent contenir jusqu'à 19 mg/ml, voire davantage, ce qui permet d'avoir des doses au moins doubles par inhalation de vapeur. La posologie en nicotine était donc libre, mais limitée.

Les résultats sont d'autant plus intéressants que ce groupe était composé de gros fumeurs, avec en moyenne trente cigarettes par jour depuis plus de vingt-huit ans : la moitié des patients a en effet divisé par deux sa consommation de tabac par jour, sans aucun effort et sans aucun manque, puisqu'ils étaient libres de fumer. Deux des patients ont complètement arrêté de fumer. Quant aux cinq patients restants, ils ont continué à fumer le même nombre de cigarettes qu'avant.

Retenons donc que cette étude est la première étude d'observation prospective avec des doses libres, mais limitées, une durée libre, et que ses résultats dépassent très largement tous ceux obtenus avec les substituts nicotiniques, en l'occurrence 14,8 % d'arrêt complet du tabac et 50 % de réduction par deux du tabac à un an, soit 64 % de réussite, et ceci avec de très gros fumeurs. Retenons aussi qu'il est légitime de supposer que les résultats auraient pu être

1. Le motif évoqué par les expérimentateurs est la référence au maximum conseillé par le fabricant des e-liquides.

encore meilleurs, si les dosages de e-liquides avaient été plus élevés.

Constatons également que les résultats obtenus à un mois sont stables, et retrouvés un an plus tard, ce que l'on n'observe jamais avec les substituts nicotiniques. Notons enfin que plus les participants vapotaient meilleurs étaient leurs résultats, les plus gros vapoteurs étant en fin de compte ceux qui arrêtent de fumer.

Que ce soit dans les études observationnelles ou dans cet essai plus classique, jamais de tels résultats n'avaient été observés avec les substituts nicotiniques. La cigarette électronique est très efficace et c'est ce qui explique sa grande diffusion, due à un bouche à oreille très positif.

Les cigarettes électroniques sont très efficaces à doses et durées libres

À ce stade vous devez vous demander aussi pourquoi la grande majorité des experts continue à conseiller le type de protocole classique pour les études sur des substituts nicotiniques. Tout simplement parce qu'ils sont ambivalents malgré eux. D'un côté, ils veulent reproduire les protocoles qu'ils ont appris à l'université et de l'autre, dans leurs consultations privées, ils prescrivent pratiquement tous de fortes posologies de substituts nicotiniques, la plupart du temps très au-dessus des doses stipulées dans les notices. Ils demandent bien aux autorités de prendre en compte la réalité de leur pratique médicale, mais celles-ci leur répondent que les posologies officielles doivent être déterminées par des études classiques, et on tourne en rond…

La première et seule fois que les posologies réellement utilisées par les tabacologues en France ont été publiées, ce fut à l'occasion d'un appel que j'ai organisé lors de la journée sans tabac du 31 mai 2012[1]. Nous en reparlerons dans un chapitre ultérieur dans lequel je présenterai les doses réellement efficaces des substituts nicotiniques, pouvant être associées, ou non, à la cigarette électronique. Car ces substituts peuvent aussi être très actifs s'ils sont bien utilisés. Il serait idiot que les vapoteurs ne puissent pas s'en servir, selon la même logique, notamment pour le quart d'entre eux qui ne sont pas pleinement comblés par leur cigarette électronique. J'ai suivi pour ma part de nombreux patients vapotant avec des patchs.

En conclusion de ce chapitre, il est possible d'affirmer que la cigarette électronique représente aujourd'hui la meilleure solution, la moins dangereuse et la plus agréable pour arrêter de fumer ou pour réduire considérablement sa consommation de tabac. Sur ce plan, elle représente une véritable révolution.

1. Appel « Le test gagnant » – « Le Magazine de la Santé » sur France 5 (31/05/2012), texte de l'appel disponible en annexe.

Pourquoi la cigarette électronique est-elle plus efficace que les substituts nicotiniques ?

Pourquoi la cigarette électronique marche-t-elle généralement si bien et les substituts nicotiniques fréquemment si mal ? C'est encore une énigme aujourd'hui, mais nous pouvons essayer de trouver quelques éléments de réponse.

La principale différence entre les substituts nicotiniques et la cigarette électronique, celle qui saute aux yeux, est que les premiers ne s'utilisent pas comme on utilise une cigarette et qu'ils ne donnent aucune sensation semblable. Tout au plus, les adeptes des gommes ou des pastilles leur attribuent-ils un soulagement qu'ils apprécient, et le fait de les avoir dans la poche ou dans le sac les rassure.

Elle apporte une vraie solution face au manque psychologique

Pourtant les uns comme les autres reçoivent bien de la nicotine avec leurs dispositifs. Cela confirme que la nicotine seule ne comble qu'une parcelle du manque du fumeur, celle qui correspond classiquement à sa composante physique, caractérisée par le stress, l'énervement, les fringales, les distractions, etc., signes de carence qui le poussent à fumer.

L'acte de vapoter est donc beaucoup plus complet car il soulage en plus la composante psychologique du manque, et manifestement celle-ci est essentielle à la satisfaction du fumeur. S'il ne retrouve pas ses gestes, son inhalation, son hit, ses arômes, le fumeur ou l'ex-fumeur se sent frustré et cette frustration le pousse aussi à fumer.

La cigarette électronique résout tant le manque physique que le manque psychologique du tabac, et ce de la manière la plus naturelle qui soit, en s'adonnant à une pratique très similaire à celle de fumer. Elle se substitue non seulement à la nicotine, mais aussi à la façon de la prendre. On peut donc dire que la e-cigarette est un substitut complet, plus satisfaisant pour ses utilisateurs que les patchs et autres formes orales de nicotine.

Elle permet de ne pas trop solliciter sa volonté, grande cause d'échec

Et c'est l'accès à cette satisfaction qui fait toute la différence, car le vapoteur n'a plus à faire d'effort de volonté pour ne pas fumer. Il transforme naturellement ses envies de fumer en envies de vapoter et c'est la clé de la réussite. Car les deux causes principales d'échecs rencontrées par les fumeurs lors de leurs tentatives de sevrage, tant avec les substituts nicotiniques qu'avec les autres méthodes disponibles, sont bien le manque psychologique d'un côté et les défaillances de leur volonté de l'autre. Autrement dit, tôt ou tard la très grande majorité craque...

Et c'est ce qu'avait très bien analysé Allen Carr dans sa méthode pour arrêter de fumer. Outre qu'il fait de la dépendance psychologique le principal obstacle au sevrage, Allen Carr déconseille catégoriquement de s'appuyer sur sa volonté, car en se mettant la pression pour se préparer sans cesse à dire « non », on se met en situation de craquer tôt ou tard. Reste que cette méthode, essentiellement psychologique[1], nécessite une grande force d'autoconviction qui n'est pas accessible à tout le monde. Mais son postulat reste vrai, à savoir que la force de la volonté finit toujours par s'épuiser.

Apprendre à économiser sa volonté

Notre volonté a en effet tendance à s'affaiblir dans le temps, et cela a parfaitement été démontré par Mark Muraven, chercheur à l'université d'Albany (New York). Il s'est même demandé si le self-control

1. Allen Carr propose de se concentrer principalement sur le bonheur de ne plus être fumeur. Et, pour lui, la révélation de ce bonheur est de loin supérieure à la force de la volonté qui finit toujours par s'épuiser. Allen Carr, *La Méthode simple pour en finir avec la cigarette*, *op. cit.*

ne pouvait pas s'apparenter à un muscle[1] ! Il a ainsi observé que lorsqu'on sollicitait deux fois de suite sa volonté, la seconde fois était moins affermie, de manière tout à fait mécanique.

Dans une expérience, il a proposé à des étudiants soit de résister à la tentation de manger des cookies pendant cinq minutes, soit de résister à la tentation de manger des radis. Tout le monde sait qu'il est beaucoup plus facile de se priver de radis que de cookies, et que cela demande un self-control beaucoup moins important. Mark Muraven[2] demandait ensuite aux étudiants de participer à un test de concentration. Ils devaient, pendant douze minutes, appuyer sur la barre espace de leur ordinateur chaque fois qu'ils voyaient le chiffre quatre suivre le chiffre six à l'écran, chaque nombre étant affiché pendant seulement cinq cents millisecondes.

Les résultats à cette tâche de concentration, qui dépendent aussi de notre self-control, furent très différents entre les deux groupes. Ceux qui avaient résisté à la tentation de manger des cookies, qui avaient donc plus sollicité leur self-control lors de la première épreuve, obtenaient un moins bon score au test de concentration que ceux qui n'avaient eu qu'à se priver de radis…

---

1. Muraven M., Baumester R. F., *Self-Regulation and Depletion of Limited Resources: Does Self-control Resemble a Muscle ?*, Psychol Bull, 2000, 126(2) : 247-259.

2. Muraven M., Gagné M., Risman H., *Helpful Self-Control: Autonomy Support, Vitality, and Depletion*, J Exp Soc Psychol., 2008, 44(3) : 573-585.

Notre self-control s'épuise donc avec le temps, comme nos muscles se fatiguent avec l'effort. Michael Inzlicht[1] (Université de Toronto-Scarborough, Canada) a même visualisé ce phénomène dans notre cerveau. Il a montré que l'épreuve de self-control active une zone de notre encéphale, le cortex cingulaire, et que cette zone est moins activée lors de la deuxième épreuve. Il confirme donc que la volonté s'épuise de test en test…

Contrairement à une idée reçue, notre volonté n'est donc pas une ressource inépuisable, uniquement liée à notre caractère plus ou moins courageux. Et plus nous fondons notre réussite sur notre opiniâtreté, comme lorsque nous arrêtons de fumer, moins notre self-control est affirmé, et plus nous craquons. C'est mathématique et maintenant scientifiquement démontré.

C'est pour cette raison que nous avons si souvent échoué dans nos tentatives de sevrage, vous comme moi, quelle que soit la méthode (y compris celle d'Allen Carr, la simple satisfaction de ne plus être fumeur pouvant avoir ses limites).

1. Inzlicht M., Gusell J. N., *Running on Empty: Neural Signals for Self-control Failure*, Psychol Sci, 2007, 18(11): 933-937.

Faire le plein de volonté en ne se mettant pas la pression

Vous l'avez compris, pour économiser votre détermination, il est essentiel de ne pas vous mettre la pression et c'est la raison pour laquelle la cigarette électronique est si efficace. En commençant à vapoter «rien que pour le plaisir», vous vous donnez toutes les chances de réussir, car cette approche ne sollicite jamais votre volonté. C'est la raison pour laquelle je précise bien à ceux qui veulent se lancer de ne surtout pas se mettre la pression en jetant leurs paquets de cigarettes et leur briquet, mais de les garder sous le coude et de ne pas s'empêcher de fumer si l'envie est trop forte. L'objectif est d'arrêter de fumer en douceur, en oubliant ses cigarettes pratiquement sans le faire exprès, immédiatement ou progressivement, selon l'expérience de chacun.

Je leur conseille aussi de se détendre régulièrement, car la résistance au stress épuise également notre détermination. Le surmenage, le manque de sommeil, les ambiances tendues, la vie de fou, le pessimisme, nous épuisent psychiquement et nous rendent davantage velléitaires.

Et à tous ceux qui souffrent particulièrement du stress, je conseille de plus en plus de s'initier à la pratique de la pleine conscience. C'est en effet un entraînement très utile pour ceux qui veulent reprendre le contrôle de leur vie et vivre mieux. Il s'agit de prendre régulièrement le temps de méditer, de manière à développer son aptitude à vivre davantage au présent, en pleine conscience de ce présent, et non pas uniquement dans le passé (source éventuelle de frustrations et de regrets) ou le futur (source éventuelle de stress). Il existe de très bons livres pour y arriver, dont celui de Christophe André[1], que je recommande particulièrement. On peut aussi suivre une formation à la pleine conscience pour aller plus loin.

La pratique du yoga et du taï-chi est aussi précieuse pour nous reconnecter au présent régulièrement, de même que le jardinage ou le bricolage, ou toute autre activité nous permettant de prendre un peu de temps chaque jour pour nous poser. Il s'agit tout simplement de vivre certaines de nos actions en étant complètement à ce que nous faisons.

Finalement, se faire du bien permet de prendre de meilleures décisions et nous rend solides psychiquement. C'est bon à savoir. Se détendre en lisant une revue, faire une sieste, se faire plaisir, se mettre en roue libre ne sont pas toujours un signe de faiblesse, mais bien aussi une façon de renouveler ses stocks en énergie décisionnelle. Mark Muraven a même montré que vivre des expériences positives, comme visionner des films comiques, rechargeait plus rapidement nos batteries.

1. Christophe André, *Méditer jour après jour*, Éditions l'Iconoclaste, 2011.

Mon conseil de vous consacrer complètement à votre plaisir en vapotant est donc parfaitement raisonnable… et scientifiquement démontré ! Et tout ce qui vous aide à vous changer les idées et à vous relaxer est bon à prendre. Oubliez vos douloureuses expériences passées de sevrages fondés sur une trop grande sollicitation de votre volonté, et tournez cette page : votre objectif n'est plus de vous entraîner à devenir de plus en plus volontaire, mais bien de prendre le maximum de plaisir avec votre e-cigarette, pour vous passer efficacement du tabac.

Ce que la cigarette électronique nous apprend sur notre plaisir de fumeur

Outre que la cigarette électronique m'a permis de bien comprendre l'effet néfaste de la pression pour réussir son sevrage du tabac, elle m'a aussi permis de mieux décoder la nature de notre plaisir de fumeur.

Comment expliquer la survenue de ce plaisir si soudain que j'ai ressenti en prenant ma première bouffée de vape ? Ma cigarette électronique ne contenait pas de nicotine et mon contentement ne provenait que de la seule manipulation de la e-cigarette et de la seule inhalation de la vapeur. J'ai instantanément retrouvé un plaisir très profond, manifestement de nature psychologique, car cette euphorie n'était liée à aucun produit psychogène. C'était uniquement l'idée de fumer qui me rendait heureux.

Et pour mon cerveau, la satisfaction était aussi intense que si ma cigarette électronique avait été une vraie, voire davantage, car je la savais inoffensive et que je n'avais aucune appréhension. J'en déduisis que j'avais gardé au fond de moi un manque psychologique qui était toujours vivace et facilement activable. J'en concluais également que la cigarette électronique a cette particularité de nous permettre de séparer ce qui procède du physique d'un côté de ce qui procède du psychologique de l'autre.

Le tabac aurait ainsi trois facettes en nous :

— celle de la connaissance du danger absolu auquel il nous expose et qui nous motive dans nos tentatives de sevrage ;

— celle de la dépendance à la nicotine et aux autres produits addictifs de la cigarette ;

— et celle du simple plaisir d'inhaler de la fumée en prenant une gestuelle de fumeur, ou d'attendre un effet apaisant.

On comprend mieux dès lors comment cette composante psychologique du plaisir de fumer se met en place, et pourquoi on commence de fumer bien que ne trouvant pas cela bon au début, voire dégoûtant, tout en sachant pertinemment que c'est très dangereux pour la santé : on commence parce qu'une partie de nous a été conditionnée pour désirer ce plaisir.

D'une manière plus générale, nous constatons que les éléments constitutifs de notre bonheur sont acquis très tôt au cours de l'enfance, simplement en observant comment les adultes font pour être heureux. Ils sourient et deviennent volubiles, drôles et attirants en buvant de l'alcool? Nous retenons ces images même si elles proviennent de films ou de publicités. Ils sont satisfaits de porter des vêtements de marque? Cela nous conditionne aussi.

Et il en est ainsi de tout ce que nous cherchons dans la vie pour être heureux, voire pour donner un sens à notre vie. Une maman heureuse avec ses enfants, des moments plaisants en famille donnent envie d'avoir des enfants. Des couples qui s'embrassent dans la rue ou dans les films, des parents affectueux entre eux, nous font désirer notre premier baiser. Il en est de même avec la maison, la voiture, l'argent, les loisirs, les vacances, le genre de travail, les vêtements, la nourriture, l'alcool et la cigarette. La liste est longue de ces influences enfantines qui déterminent nos préférences dans la vie.

Il s'agit d'un conditionnement latent qui est mis en veille tant que nous ne sommes pas capables, de par notre âge, d'accéder à ces plaisirs ou satisfactions, mais qui déterminent le sens que nous donnons à notre vie dans le but de nous les procurer. Cette notion est maintenant bien connue sous le nom de «conditionnement vicariant», depuis qu'il a été démontré par Albert Bandura que nous sommes extrêmement influencés par l'exemple des autres dans nos choix personnels, même pour agir dans des sens complètement opposés, en bien ou en mal.

Mais il s'agit aussi d'un autre type de conditionnement dit évaluatif[1], dès lors que nous admirons celui que nous observons prendre son plaisir. Si c'est James Bond qui prend un martini, notre appétence pour l'alcool augmente, surtout quand nous sommes enfants ou adolescents... Et ceci explique un phénomène qui est resté longtemps mystérieux pour moi : pourquoi me suis-je mis à fumer alors que pendant toute mon enfance j'ai été incommodé par la fumée de mon père jusqu'à en être malade ? D'une manière générale, pourquoi les enfants de fumeurs se mettent-ils davantage au tabac que les autres, alors qu'ils sont doublement prévenus sur les méfaits et les dangers du tabac par des parents qui leur disent régulièrement : « Ne fais jamais comme moi ! »

Il a ainsi été montré que le taux de tabagisme des jeunes de dix-huit ans était doublé si l'un de leurs deux parents fumait[2]. Il passe ainsi de 23 % à 48 % quand le père fume, de 32 % à 50 % quand la mère fume et de 29 % à 52 % quand les deux parents fument. Pourquoi fumer devant les enfants est-il si marquant ? Parce que, de manière inévitable, nous allons prendre du plaisir en fumant devant eux, ce qu'ils vont enregistrer très profondément dans leur psychisme.

Un autre exemple pourra nous permettre d'illustrer la puissance de ces conditionnements latents

---

1. Zerhouni O., Bègue L., *Cerveau & Psyco. L'Essentiel*, n° 15, août-octobre 2013.

2. Dautzenberg B., Enquête PST 1991-2010, disponible sur le site de l'OFT.

dans notre vie. C'est celui du baiser. Là encore, les enfants sont écœurés à l'idée de devoir mettre un jour leur langue dans la bouche de leur amoureux(se) pour l'embrasser. Ce n'est du reste pas une coutume généralisée sur toute la surface de la terre. Mais le jour où nous échangeons notre premier baiser, nous sommes littéralement inondés de plaisir, éblouis et en pleine extase. Ce plaisir latent était en nous, en veille, prêt à être déclenché à la première occasion.

C'est ce plaisir qui est le fondement du conditionnement psychologique à la cigarette et il est extrêmement puissant comme vous pouvez en juger. Et c'est ce même plaisir qui manque aux substituts nicotiniques classiques, et que vous procure la cigarette électronique. Cela explique sa rapide diffusion auprès des fumeurs et son efficacité pour se substituer sans trop d'effort au tabac.

LES CLÉS DE LA RÉUSSITE

Bien débuter
avec la cigarette électronique

Il est facile aujourd'hui de débuter avec la cigarette électronique, pour peu que l'on prenne la peine de s'informer sur les circuits de distribution offrant le meilleur professionnalisme. Dans ce but il existe de très bons forums[1] d'utilisateurs pour être conseillé en posant toutes ses questions, et des boutiques sérieuses pour tester différents liquides et modèles que l'on aura idéalement repérés au préalable. Une autre solution est d'aller trouver un ami qui vapote et qui pourra vous donner des conseils, voire vous faire essayer son propre modèle.

---

1. www.forum-ecigarette.com (le plus important en français)/ www.ecigarette-public.com (davantage destiné à un public averti)/ www.vaporama.net (une bonne source d'information)/ http://adherent.aiduce.fr/public/forum/index.php (le plus politique et défense du droit des vapoteurs)/ www.e-cigarette-forum.com (américain – le plus important au monde).

Les connaissances de base

Les cigarettes électroniques les plus modernes sont composées de deux parties qui s'adaptent les unes dans les autres dans l'ordre suivant : la batterie pour l'énergie et le bloc atomiseur-cartouche qui contient le e-liquide et le vaporise. L'atomiseur est ainsi la résistance qui chauffe le liquide pour former la vapeur. Dans les kits, les e-cigarettes sont complètes avec leurs deux parties et vous n'avez qu'à vous préoccuper des critères d'utilisation : durée de la batterie plus ou moins importante selon le nombre de cigarettes que vous fumez par jour, système d'alimentation électrique et facilité de rechargement en e-liquide de la cartouche.

Si vous ne voulez pas vous embarrasser de détails superflus pour débuter, sachez simplement que les dispositifs qui satisfont la très grande majorité des vapoteurs novices aujourd'hui sont ceux disposant d'un bloc atomiseur-cartouche de type « clearomiseur CE ou CC » (souvent appelé « Stardust » comme on parle de Frigidaire pour un réfrigérateur) et d'une batterie de type eGo ou 808. Pour les petits fumeurs (moins de 10 cigarettes par jour), un modèle plus petit, de la forme d'un stylo ou d'une cigarette, pourra convenir. Et ces simples informations suffisent par exemple pour aller acheter une e-cigarette en boutique et tester des liquides (dont nous traiterons plus loin).

Les connaissances plus avancées

Si par la suite vous voulez avoir davantage de choix, sachez que c'est la taille des pas de vis qui détermine la compatibilité, notamment pour adapter les différents blocs atomiseurs-cartouches sur les différentes batteries. Les pas de vis les plus standardisés sont le 510 (mini, de la taille d'une cigarette de tabac) et le 808 ou eGo.

La batterie (et son chargeur) apportent l'énergie qui conditionne la durée d'autonomie. C'est l'élément le plus déterminant du choix au début car sa taille sera proportionnelle au nombre de cigarettes fumées chaque jour. Leur capacité varie généralement de 90 à 1 300 mAh (milliampères-heure et jusqu'à 4 000 mAh pour certains mods), 100 mAh permettant une autonomie moyenne d'une heure. Par exemple, si vous fumez un paquet par jour, il vous faudra en général une batterie de 600 à 1 000 mAh pour tenir une journée avec deux e-cigarettes préchargées. Sachez enfin que certaines disposent d'un contacteur ou switch, pour provoquer la production de vapeur, alors que d'autres se déclenchent du simple fait de votre aspiration. D'autres encore proposent un voyant lumineux (diode ou LED), témoin de charge ou de surchauffe.

L'atomiseur est assimilable à une résistance chauffant le e-liquide pour le vaporiser. Plus sa résistance, mesurée en ohms, sera faible (elle est comprise entre 1,25 et 5 ohms selon les modèles), plus elle dégagera de chaleur, mais elle sera également plus fragile. Le bon compromis au début, celui que vous trouverez dans les kits, est compris entre 1,5 et 2,8 ohms.

Il existe une vingtaine de modèles d'atomiseurs qui influent beaucoup sur la qualité de la vapeur, celle-ci pouvant être plus ou moins chaude, plus ou moins dense, pour former un petit ou un gros « nuage ». Le modèle low resistance ou LR est celui qui chauffe le plus vite et le plus fort. Dans cette logique, on trouve des modèles SR (*standard resistance*) et HR (*high resistance*). Comme nous l'avons vu, le modèle Stardust est un clearomiseur CE ou CC largement distribué auprès des vapoteurs débutants. Les différents atomiseurs peuvent s'essayer en boutique.

Enfin divers types de cartouches contiennent le e-liquide en contact avec l'atomiseur, comme dans une lampe à huile. Certaines renferment le liquide dans une bourre dans laquelle vient plonger la tresse de l'atomiseur. D'autres n'ont pas de bourre et la mèche de l'atomiseur plonge directement dedans (ou toute autre partie de l'atomiseur prévue à cet effet).

Elles sont intimement liées aux modèles d'atomiseurs avec lesquels elles peuvent fonctionner. Certaines sont soudées ou vissées à l'atomiseur pour former des cartomiseurs quand elles sont à bourre ou des clearomiseurs quand elles sont sans bourre (comme les Stardust). La question de ce choix ne se pose souvent pas, une fois le type d'atomiseur retenu. Néanmoins dans certains cas, vous pourrez opter entre des réservoirs de différentes tailles, normale, XL, XXL ou méga. La fonction principale du réservoir est, bien entendu, de contenir le e-liquide plus ou moins riche en nicotine. Il peut se remplir ou bien il doit être changé comme une cartouche d'encre.

Au total, le parallèle peut être fait avec un appareil photo, la batterie correspondant au boîtier qui se recharge lui aussi, l'atomiseur aux objectifs qui se choisissent en fonction de l'effet recherché, et les réservoirs aux rouleaux contenant les pellicules photographiques, dont la sensibilité sera variable. Et comme avec la photographie, il existe des packs dans lesquels les différents éléments sont sélectionnés pour un usage « amateur, semi-pro ou pro ».

Rappelons qu'il existe aussi des e-cigarettes jetables, dont toutes les parties sont solidaires, et non renouvelées après usage. Le parallèle peut alors être fait avec les rasoirs jetables, utiles surtout pour dépanner ou pour un usage occasionnel. On peut aussi trouver des modèles « mini », rechargeables, mais il vaut mieux les réserver pour les très petits fumeurs (une à trois cigarettes par jour), en sachant que leur production de vapeur et leur autonomie sont plutôt médiocres.

Ce qui compte le plus au début n'est donc pas de choisir chaque élément un par un, en fonction de ses propriétés techniques, comme si vous étiez un vapoteur expérimenté, mais de sélectionner un ensemble ou un kit, utilisé par de nombreux utilisateurs, et qui conviendra à votre niveau de consommation de cigarettes. Les meilleurs comportent en général deux e-cigarettes complètes et une alimentation électrique, de manière à ce que vous puissiez tenir toute la journée sans vous préoccuper de les recharger. Méfiez-vous des kits avec une seule e-cigarette : ils sont souvent bas de gamme.

Choisir ses e-liquides

Le choix des liquides est vraiment important. Trois paramètres sont à prendre en compte : le taux de nicotine, le ratio de propylène glycol (PG) et de glycérine végétale (VG), ainsi que les différents arômes bien sûr.

Le choix initial du taux de nicotine est simple :

— si vous fumez plus de quinze cigarettes par jour, commencez avec un e-liquide nicotiné à 16 mg/ml ou plus ;

— si vous fumez moins de quinze cigarettes, prenez un liquide à 8 ou 12 mg/ml de nicotine.

— si vous fumez moins de dix cigarettes par jour, vous pouvez essayer un taux de nicotine compris entre 3 et 6 mg/ml.

L'idéal est de tester avec un ami vapoteur ou de vous rendre dans une boutique. Car ce qui compte vraiment, c'est votre sensation lors de l'inhalation de la vapeur et celle-ci dépend beaucoup du taux de nicotine de votre e-liquide. Si vous ne pouvez pas faire un test et que vous allez directement sur Internet, mon conseil est d'acheter le dosage le plus fort et le dosage le plus faible d'un même e-liquide (arôme) de manière à ajuster votre besoin en mélangeant les deux (et en déduire le niveau de votre besoin).

Concernant les taux respectifs de PG et de VG, il faut surtout savoir que si la glycérine végétale fait un peu plus de vapeur et est un peu plus sucrée, elle a pour inconvénient d'encrasser plus rapidement les atomiseurs. C'est la raison pour laquelle on trouve des liquides à base de VG essentiellement dans certaines cigarettes jetables. Reste donc les proportions les plus usuelles, soit de 80 % de PG et 20 % de VG, ou 100 % de PG.

Concernant le choix des arômes, soyez tout simplement curieux et sachez que vos goûts peuvent changer. Le parfum que vous n'imaginiez pas aimer au début pourra devenir votre préféré. Et vous avez le temps car il existe plus de trois cents saveurs dont des parfums de tabac, de fruits, ou encore de boissons ou autres goûts (malibu, crumble, cappuccino, etc[1].)... Après deux à trois semaines de sevrage, pourquoi ne pas vous offrir un « Taste pack » avec des petites fioles de plusieurs arômes à tester chez vous ? Là encore, les tests en boutique ou avec des amis sont précieux.

Reste la quantité à prévoir, qui est classiquement de 2 ml par paquet de cigarettes. Si vous fumiez un paquet par jour, un flacon de 10 ml devrait vous suffire pour cinq jours. C'est bien entendu théorique car cela dépend de votre façon de vapoter qui va

1. Le site www.keliquide.com propose un large panorama des e-liquides disponibles.

aussi varier dans le temps. Prévoyez en tout cas une réserve suffisante.

Les quelques pièges à connaître

Le premier des pièges, quand on est un fumeur régulier, est de débuter avec une cigarette jetable, qui, si elle a l'avantage de ressembler à une vraie cigarette, procure des sensations décevantes. Elles sont souvent trop faiblement dosées en nicotine et leur production de vapeur est limitée, donc frustrante. Cette mauvaise expérience pourrait vous détourner de la vape et ce serait vraiment dommage. Si c'est votre cas, il vaut mieux faire votre deuil de vouloir absolument trouver une e-cigarette s'apparentant à une cigarette classique, et procurant les mêmes ressentis. Prenez le temps de chercher un dispositif qui vous convient, vraiment efficace, et qui vous apporte la dose de nicotine dont vous avez réellement besoin.

Les cigarettes jetables sont néanmoins adaptées pour ceux qui fument très peu, uniquement le soir par exemple ou en week-end. Voire pour dépanner un vapoteur.

Le deuxième des pièges est de vouloir acheter le bon matériel du premier coup. C'est plus facile aujourd'hui avec les kits que l'on choisit en fonction de sa consommation de tabac, mais cela ne doit pas être une obsession. Car quels que soient le matériel et les liquides retenus, vos sensations ne seront pas celles de votre expérience de fumeur. Ne soyez pas déçu, mais curieux! Dites-vous bien que des millions de fumeurs sont passés par là et qu'ils sont devenus des vapoteurs très heureux. La très grande majorité d'entre eux préfère maintenant la vapeur à la fumée. Acceptez donc cette différence et intéressez-vous aux plaisirs qu'elle vous procure. La vapeur parfumée devrait beaucoup vous étonner.

Soyez ainsi ouvert à la nouveauté et à la possibilité de changer de modèles, de batteries, d'atomiseurs, de réservoirs, en fonction de votre future expérience de vapoteur et de vos échanges avec vos nouveaux collègues de la vape.

Le troisième piège est de prendre un e-liquide insuffisamment nicotiné ou de vouloir goûter de nombreux parfums tout de suite. Dites-vous que vous avez besoin d'un niveau suffisant de nicotine pour vous sentir bien dès lors que vous allez diminuer votre consommation de tabac. Dites-vous aussi que vous ne pourrez bien tester les nombreux arômes des liquides que lorsque vous aurez retrouvé votre aptitude à apprécier les subtilités des différents goûts et odeurs, soit environ deux à trois semaines après avoir arrêté ou nettement diminué les cigarettes classiques. Commencez donc simplement avec un parfum de tabac et un autre qui vous inspire…

Le quatrième piège est d'acheter votre équipement directement sur un site Internet, sans vous être bien informé sur des forums de vapoteurs. Cela revient à prendre des risques, alors qu'il est très important de vivre une très bonne première expérience de vape afin d'être convaincu de continuer.

Faire un véritable essai dans un magasin spécialisé

Si vous avez accès à une ou plusieurs boutiques, cette solution est vraiment pratique, car vous serez conseillé par des vendeurs expérimentés et souvent passionnés. Ces magasins sont le plus souvent conçus avec un comptoir, comme des ateliers ou de véritables salons, pour l'essai des modèles et surtout des différents liquides.

La plupart du temps, chaque boutique vend ses modèles de cigarette électronique sous sa propre marque. Elles ont aussi leur site Internet. Cependant, il est possible de trouver des magasins vendant des produits de plusieurs marques, mais ils sont plus rares et ne présentent pas dans ce cas de sites attitrés. Malgré toutes ces marques, les modèles proposés sont le plus souvent similaires : la cigarette jetable, le pen et le clearomiseur avec batterie de type eGo qui est devenu un vrai standard. Certaines boutiques proposent en plus des mods, modèles à grosses batteries, destinés généralement à des vapoteurs expérimentés.

En pratique, quand vous entrez dans ce type de magasin, le vendeur vous demande le nombre de cigarettes que vous fumez par jour et votre marque de cigarette. À partir de là, il vous fait essayer généralement une Stardust, avec un e-liquide dont le dosage de nicotine est adapté au nombre de cigarettes annoncées, et dont l'arôme de tabac serait plus ou moins proche de celui de votre marque (proximité très relative et d'une certaine manière accessoire comme nous l'avons vu). Profitez-en pour essayer aussi un autre parfum, comme celui d'un fruit ou d'une boisson. Testez surtout les différents dosages de nicotine pour retenir celui qui vous donne le meilleur hit et les meilleures sensations.

Une fois les liquides sélectionnés (prévoyez d'en acheter plusieurs, pour deux à trois semaines de vapotage), le vendeur vous présentera alors ses deux à quatre kits, composés chacun de deux cigarettes électroniques et d'un câble électrique de rechargement. Les modèles seront en général une eGo de type clearomiseur CE (avec éventuellement le choix entre deux batteries de capacités différentes) et un pen, lui aussi plus ou moins long selon la taille de la batterie retenue. Votre choix se résume donc à une eGo avec clearomiseur CE ou CC d'une autonomie variant entre quatre à huit heures ou un pen d'une autonomie variant d'une à quatre heures. Pour pallier la faible autonomie des pens, ils sont souvent proposés avec un chargeur de poche, de la forme d'un petit boîtier[1], avec un emplacement permettant de recharger l'un de vos pens pendant que vous vapotez avec l'autre.

1. On parle aussi de PCC ou Personal Charger Casing.

S'informer sur un forum avant d'acheter sur Internet

La dernière solution consiste à bien vous informer sur un forum indépendant comme l'un de ceux des vapoteurs: www.forum-ecigarette.com, www.ecigarette-public.com ou www.e-cigquebec.com. Vous y trouverez toutes les explications sur les différents composants, les modèles et un excellent guide pratique à imprimer pour le lire tranquillement. Il y a aussi des comparatifs et des avis, ainsi qu'une communauté dévouée pour répondre à vos questions et vous soutenir dans votre démarche. Ce soutien n'a pas de prix tant il peut être précieux au début, surtout pendant la période de sevrage du tabac.

Outre des informations claires et détaillées, vous trouverez aussi une sélection de trois modèles parfaitement bien adaptés aux débutants. Ils sont proposés en fonction du nombre de cigarettes que vous fumez chaque jour.

Pour les petits fumeurs de moins de dix cigarettes par jour, un pen de type 510, avec idéalement un boîtier pour recharger les batteries de différentes capacités. Ce modèle a en plus l'avantage de disposer d'un pas de vis qui permet l'utilisation de plusieurs accessoires.

Pour les moyens fumeurs de moins de quinze cigarettes par jour, une KR 808, qui est aussi un pen, mais plus grand, avec un pas de vis différent. Elle existe avec différentes tailles de batteries et on en trouve aussi avec un boîtier de rechargement.

Pour les moyens et gros fumeurs, une eGo, que nous avons déjà présentée, car c'est le modèle le plus apprécié. Outre que son autonomie est bonne grâce au choix des batteries, elle est polyvalente car dispose d'un pas de vis de type 510 et d'un autre au standard eGo. Elle existe avec divers types d'atomiseurs, dont le clearomiseur CE bien adapté aux débutants.

Ces différents modèles sont disponibles en boutique ou sur Internet. Et pour sélectionner la boutique ou le site Internet où acheter votre matériel, fiez-vous aux avis des utilisateurs du forum. Vous éviterez ainsi les pièges qu'ils auront repérés avant vous, notamment en matière de livraison ou de qualité du matériel.

Quelques informations sur les consommables

Vous voilà donc parti pour la découverte d'un tout nouveau plaisir, qui vous apportera beaucoup de satisfaction s'il vous convient et pourra vous faire quitter en douceur vos cigarettes devenues si pesantes. Vous allez pouvoir dès lors explorer toute la richesse de ce nouvel univers.

Vous pourrez continuer à en apprendre davantage et partager vos sensations sur les forums ou blogues de vapoteurs. Vous pourrez aussi vous joindre à des parties de vapes où les participants testent mutuellement leurs atomiseurs et leurs liquides. Et vous enrichirez également votre expérience en achetant vos consommables en boutique ou sur Internet.

Concernant les batteries, elles durent en général deux cents à cinq cents recharges, soit plus de quatre à douze mois (moins pour les copies). De plus, elles n'ont pas à être vidées avant de les recharger chaque jour et elles ne nécessitent pas d'entretien particulier. Les consommables sont donc les atomiseurs et les liquides.

La durée de vie des atomiseurs dépend de leur type et de votre usage. Elle est de plusieurs semaines pour un atomiseur avec tank, à condition de le nettoyer une fois par semaine (avec de l'eau chaude), puis de le laisser bien sécher. Un atomiseur standard s'entretient en le faisant tremper dans un alcool neutre et en le laissant sécher ensuite. La durée de vie est d'une à trois semaines pour les cartomiseurs à bourre ou les clearomiseurs comme les Stardust. À savoir, les clearomiseurs CE6 ou Changeable Coil ont une résistance interchangeable qui permet de conserver le corps du clearomiseur pour quelques mois.

Il est donc important de disposer de quelques exemplaires d'avance, au moins deux. Cela aura en plus l'avantage de vous mettre à l'abri d'une défaillance de ce petit matériel. Cela vous permettra aussi de tester plusieurs parfums, certains cartomiseurs ou clearomiseurs étant dédiés à tel ou tel arôme. Comme ils sont souvent colorés, vous pourrez attribuer une couleur à un parfum. N'inhalez pas les dix premières bouffées obtenues avec un nouvel atomiseur car elles concentrent les traces d'impuretés et d'aldéhydes irritants. Les bouffées suivantes seront nettement meilleures et correspondront vraiment à votre e-liquide.

Cet e-liquide s'ajoute dans la cartouche au début, quand elle est presque vide. C'est facile à voir avec les tanks ou les clearomiseurs, car le niveau restant se visualise directement à travers. C'est plus délicat avec les cartomiseurs car le e-liquide imbibe la bourre et il n'y a pas de niveau visible. Il faut donc les remplir plus systématiquement et, en tout cas, dès que vous détectez un petit goût de brûlé, signe que l'atomiseur chauffe dans le vide. Surtout, ne remplissez pas les cartouches à fond, mais suivez bien les indications fournies avec le matériel.

Combien cela coûte vraiment ?

Mais qui dit consommable dit coût... Pour avoir une réponse, nous pouvons nous lancer dans un petit calcul de prix de revient. Soit un kit à 80 $ pour six mois, deux atomiseurs à 6 $ par mois, et six flacons de 10 ml de liquides par mois à 5 $ chacun. Sur six mois cela nous fait un total de 368 $, soit approximativement 2 $ par jour. Cela représente un coût quatre fois moins cher que le tabac si vous fumez un paquet de cigarettes par jour à 9 $, et plus si vous fumez davantage, ce qui est très appréciable. Les stocks sont aussi moins chers à constituer, ce qui permet de s'approvisionner moins souvent, et de se sentir, de ce fait, beaucoup plus libre.

Ces économies ne sont réalisables qu'avec les dispositifs rechargeables et de qualité. Les cigarettes jetables ont un prix de revient similaire à celui des cigarettes normales. Elles ont aussi des parfums très limités : tabac, menthe, pomme, vanille. Raison de plus pour vous orienter vers un modèle plus élaboré, sachant que vous disposez maintenant de suffisamment de connaissances pour vous lancer et réussir votre projet, dans l'optique d'arrêter de fumer.

Quelques derniers conseils…

Certains débutants, très attachés à l'obtention d'un hit plus fort, auront intérêt à s'orienter vers un cartomiseur. La sensation de vape sera plus chaude et plus proche d'une sensation « tabac ». Elle sera aussi plus régulière.

Enfin, vapoter demande un peu d'apprentissage et surtout d'être détendu. L'idéal est de tirer doucement et de façon continue sur la cigarette électronique, pour ne pas trop chauffer l'atomiseur (soit des bouffées de trois à quatre secondes, espacées de vingt à trente secondes). Le vapotage se pratique dans un esprit tranquille, d'autant que l'on n'a pas à se presser comme avec la cigarette conventionnelle pour fumer avant qu'elle ne soit consumée. Vapoter doit toujours rester un plaisir…

Que faire si ma tentative n'est pas pleinement concluante ?

Si la grande majorité des utilisateurs arrive à se passer complètement de tabac, en général après un mois de vapotage, tout n'est pas forcément simple… Car il faut à la fois s'adapter à un nouveau produit et se déshabituer d'un autre, le tabac. Le plus important dans un premier temps, c'est de s'accrocher un peu et de comprendre comment progresser.

Changer d'habitude n'est pas toujours simple

Comme ce fut le cas pour la cigarette, il vous faudra un peu de temps pour trouver votre rythme de vapotage, la bonne inhalation, les bons dosages de nicotine. Ce qui compte au tout début, c'est surtout d'être curieux et de vous concentrer sur tout ce qui vous semble plaisant dans cette nouvelle expérience.

Mais des désagréments peuvent apparaître rapidement dont la sécheresse des voies respiratoires, la toux, l'irritation buccale et les maux de tête, phénomènes liés à la formation de la vapeur par propylène glycol

(PG) et à la glycérine végétale (VG) comme nous l'avons vu. La solution est simple : il faut boire nettement plus d'eau, sans attendre d'avoir soif.

L'autre changement d'habitude est bien entendu l'arrêt du tabac ou sa nette diminution. Il faut alors bien comprendre que votre corps a beaucoup de choses à éliminer ! Les cils vibratiles de vos bronches fonctionnent mieux et évacuent de plus en plus de mucus chargé de goudrons. Du coup, vous toussez de plus belle. Vous pourrez aussi observer un inconfort du nez et de la bouche. Certains décrivent une irritation des gencives, des aphtes, une langue blanche, un mauvais goût, voire une gorge douloureuse ou une quasi-angine ! Ce sont des signes d'inflammation qui vont passer en une à deux semaines en général, mais qui pourront, le cas échéant, durer un mois. Vous pouvez bien entendu prendre un antalgique comme du paracétamol si besoin, et consulter votre médecin si nécessaire.

Là encore, boire davantage d'eau est la bonne solution, car l'arrêt du tabac a aussi pour inconvénient de ralentir le transit intestinal, ce qui peut provoquer chez certains de véritables constipations. Si cela vous arrive, outre la prise de boisson, vous pouvez manger plus de fruits, de légumes et de pain complet, afin d'augmenter vos fibres alimentaires.

Mais l'écoute des patients et la lecture des forums sont très rassurantes, et les nouveaux ex-fumeurs supportent d'autant mieux ces inconvénients que la cigarette électronique leur procure beaucoup de plaisir.

Savoir qu'ils sont en train de se détoxifier du tabac est aussi un encouragement à davantage de patience. Il est donc nécessaire de boire en grande quantité, d'y aller doucement et de prendre le maximum de plaisir avec sa e-cigarette.

Le bon dosage de nicotine

Le sevrage tabagique peut provoquer des symptômes liés au manque de nicotine comme l'irritabilité, voire la colère, l'anxiété, la frustration, les difficultés de concentration, l'agitation ou, au contraire, le ralentissement. Ajoutez à cela une humeur dépressive, des insomnies, des vertiges et des fringales, et vous aurez la panoplie complète de celui ou celle qui souffre du manque… Ce n'est vraiment pas drôle. Mais le signe le plus net est encore une forte envie de fumer, l'organisme réclamant sa dose de nicotine.

Si vous observez de tels signes sur vous, c'est tout simplement que votre e-cigarette ne vous procure pas suffisamment de nicotine. Il vous suffira le plus souvent de prendre un e-liquide mieux dosé en nicotine. Bien entendu, ne tombez pas dans le piège de vouloir réduire trop rapidement le dosage de vos liquides : rien ne presse.

Dans certains cas, vous serez obligé de garder quelques cigarettes pour tenir le coup. Ce n'est pas grave du tout et ne vous stressez pas pour cela. Nous avons vu qu'il ne fallait surtout pas vous mettre la pression et vouloir à tout prix arrêter totalement de fumer en vous lançant dans la e-cigarette. Du moment que votre consommation de tabac a nettement diminué, tout va bien : le temps joue pour vous et vous pourrez réduire progressivement vos cigarettes résiduelles au fur et à mesure que vous utiliserez mieux votre e-cigarette et qu'elle vous procurera davantage de plaisir.

Enfin il reste ceux qui vapotent trop, surtout au début ! Ils rapportent alors des signes mineurs de surdosage à la nicotine, comme une nausée, une bouche pâteuse, une faiblesse générale, un mal de tête, un pouls accéléré, etc. Cet ensemble de signes est caractéristique et il suffit tout simplement de se calmer sur le vapotage et de prendre son temps. On peut aussi choisir des liquides moins fortement dosés en nicotine.

Vous n'arrivez pas à en finir avec les dernières cigarettes

Si tous les problèmes que nous venons de passer en revue sont provisoires ou ont une solution facile, certains n'arrivent vraiment pas à tourner la page du tabac, même après plusieurs mois de vapotage. Sur le forum des vapoteurs[1], si 74 % des utilisateurs de la e-cigarette ont réussi à se sevrer du tabac, 14 % fument encore occasionnellement, notamment le week-end, 8 % fument moins de cinq cigarettes par jour, 4 % moins de dix, et 1 % fume tout autant qu'au début.

1. www.forum-ecigarette.com

Ces chiffres sont très encourageants, sauf pour ceux qui se battent pour en finir avec le tabac et qui n'y arrivent pas. Le plus souvent, ce sont toujours les mêmes cigarettes qui sont difficiles à éliminer, celle du matin bien sûr, celles qui suivent chaque repas, celles des cafés, etc.

En tant que tabacologue, mon conseil dépend bien entendu de chaque personne. Quand il me semble que la e-cigarette ne donne pas pleinement satisfaction, je recommande chaudement une inscription sur un forum de vapoteurs, de manière à exposer ses difficultés et bénéficier des conseils des membres, notamment pour le choix du matériel, car les solutions ne manquent pas !

Si votre souci est que vous fumez essentiellement le week-end et le soir, quand vous vous retrouvez avec vos amis fumeurs, demandez-vous pourquoi vous n'osez pas sortir votre cigarette électronique pour vapoter pendant que les autres fument. C'est très banal et vous êtes loin d'être un cas isolé : beaucoup ne se risquent pas à le faire et éprouvent une certaine honte. Le plus simple est alors de trouver la manière d'en parler aux autres et de se faire accepter. En général, nous craignons que les fumeurs nous classent dans les non-fumeurs, et d'une certaine manière, nous excluent. Mais la plupart du temps, cela se passe très bien et les fumeurs sont très intéressés par la e-cigarette et l'expérience de ceux qui les essayent ! Si cela vous gêne toujours malgré tout, vous pouvez en acheter une ressemblant à une vraie cigarette ou des jetables.

Le plus souvent, cela se passe très bien, et il suffit de rester simple. Je me souviens par exemple d'être resté six mois sans boire une goutte d'alcool car je voulais faire une cure de détoxication, qui m'a d'ailleurs fait le plus grand bien. Au début, je me faisais souvent moquer lors des dîners ou des soirées. Je pense que c'est parce que j'essayais de justifier mon choix par les bienfaits que j'attendais de mon abstinence pour ma santé. De ce fait, mes amis buveurs se sentaient visés et réagissaient. J'ai fini simplement par dire que je préférais ne pas boire et que j'appréciais que les autres fassent ce qu'ils veulent autour de moi.

Faites donc de même et affirmez votre choix de vapoter simplement, en précisant bien aux autres qu'ils peuvent fumer à leur guise. Mais si vous avez vraiment des difficultés à le faire, cela peut arriver, vous pouvez tout à fait en parler avec un psychologue, idéalement formé aux thérapies comportementales et cognitives (TCC). Celui-ci vous aidera à analyser vos comportements « problèmes » et vos pensées « parasites », et vous proposera de faire des tests lors de situations que vous imaginerez ensemble. Il pourra aussi vous proposer de participer à quelques groupes avec des personnes ayant les mêmes problèmes d'affirmation que vous.

Il existe aussi une catégorie de vapoteurs dits « hybrides » ou « vapofumeurs », car ils continuent volontairement à garder quelques cigarettes classiques pour leur plaisir. La cigarette électronique leur sert donc à fumer moins, à faire des économies, et à combiner les plaisirs. Il n'y a pas de mal à cela bien sûr et c'est même une solution élégante pour ceux qui ne sont pas prêts à arrêter le tabac, mais qui veulent malgré tout ménager leur santé. En tant que tabacologue, je ne peux que soutenir cette démarche, car outre la réduction des risques, le bon usage de la e-cigarette sera un atout primordial quand ils décideront de tourner la page du tabac.

À ce propos, sachez que les risques du tabac sur la santé sont directement proportionnels à la quantité de cigarettes fumées. Ainsi, en fumant seulement une à cinq cigarettes par jour[1], on augmente son risque de faire un infarctus de 40 %, ce risque est multiplié par 2 pour six à dix cigarettes, par 3 pour onze à quinze cigarettes, par 3,5 pour seize à vingt, par 4 au-dessus de vingt, par 9 au-dessus de quarante ! Moins on fume, mieux on se porte... Ceci est aussi vrai pour les cancers[2].

---

1. Yusuf S. et al., *Effect of Potentially Modifiable Risk Factors Associated With Myocardial Infarction in 52 Countries (the INTERHEART study) : Case-Control Study*, www.thelancet.com. Published online September 3, 2004.

2. Étude INRS dans les usines Sollac Dunkerque et GTS Industries, novembre 2003.

Cette enquête confirme que plus on fume, plus le risque de cancer est élevé. Les risques de cancers broncho-pulmonaires sont ainsi multipliés par :

— 6,82 chez les anciens fumeurs ;
— 15,1 chez ceux qui fument une à cinq cigarettes par jour ;
— 22,5 pour six à dix cigarettes par jour ;
— 24,7 pour onze à quinze cigarettes par jour ;
— 29,2 pour seize à vingt cigarettes par jour ;
— 53,5 pour plus de vingt cigarettes par jour.

Combiner e-cigarette et substituts nicotiniques

Si vous n'arrivez toujours pas à vous débarrasser des dernières cigarettes ou que vous en gardez trop, disons entre cinq et dix, je vous conseille alors de mettre un patch fortement dosé en nicotine, par exemple à 21 mg ou plus, pour diminuer votre envie de fumer sur toute la journée.

Et si vous devez rester de longs moments sans pouvoir vapoter, comme dans les transports en commun, dans les réunions, ou au bureau, et que cela vous perturbe, je vous suggère de prendre avec vous des formes orales de nicotine (pastilles, gommes, comprimés, ou spray à la nicotine) et d'en consommer selon vos besoins.

Vraiment vous n'y arrivez pas et vous fumez toujours autant ! Faites le test gagnant

Il arrive aussi que certains fumeurs n'arrivent vraiment pas à diminuer leur consommation de cigarettes, malgré un bon usage des cigarettes électroniques, car ils souffrent trop du manque. D'autres abandonnent tout simplement la e-cigarette et reprennent le tabac comme avant. Dans les deux cas, c'est un sentiment d'échec qui est le plus souvent vécu, avec une grosse déception bien compréhensible.

Mon analyse concernant ces échecs est que certains se mettent trop de pression pour arrêter de fumer, soit trop rapidement, soit en bataillant constamment pour ne pas craquer ou craquer le moins possible. C'est vraiment une erreur très importante comme nous l'avons vu, la volonté n'étant pas inépuisable. D'une manière générale, les méthodes qui font appel à la détermination pour tenir le coup lors des crises de manque sont pénibles à suivre et aboutissent régulièrement à des ratés.

C'est la raison pour laquelle je recommande vraiment de se lancer dans le vapotage « rien que pour le plaisir », sans se mettre la moindre pression pour arrêter le tabac tout de suite.

Si la situation que je viens de décrire correspond à votre cas et qu'effectivement vous vous mettez trop de pression et que la cigarette électronique ne vous a pas vraiment soulagé dans ce contexte, je vous recommande de faire ce que j'appelle « le test gagnant[1] ». Il s'agit tout simplement de combiner les substituts nicotiniques et la e-cigarette à des doses vraiment efficaces de manière à éliminer pratiquement toutes les envies de fumer.

Le principe est simple : il s'agit de trouver la taille de patch qui vous convient et éventuellement le nombre, car vous pouvez en mettre autant que nécessaire, en fonction de votre niveau de dépendance (que vous pouvez évaluer grâce au Short Tabac Test disponible

1. Ce test gagnant a été mis au point avec un groupe de tabacologues en partant du constat que les doses de substituts nicotiniques généralement utilisées étaient vraiment insuffisantes, d'où les échecs régulièrement observés. Le texte de cet appel est disponible en annexe.

en annexe). L'objectif est vraiment de vous placer dans une logique de test, sans aucune pression, et sans vous interdire de fumer quand vous en avez envie. Pour définir la taille initiale du patch à retenir, je vous propose le tableau suivant :

Vous fumez…	≤ 10 cig/j	11-20 cig/j	21-30 cig/j	> 30 cig/j
À distance du lever	Patch moyen	Patch moyen ou fort	Patch fort	Patch fort ± patch moyen
Rapidement après le lever	Patch moyen	Patch fort	Patch fort ± patch moyen	Patch fort + patch moyen

Ensuite, une fois déterminée la taille de votre premier patch, vous n'aurez plus qu'à vous demander, à chaque fois que vous ressentirez une envie de fumer, sous quelle forme vous allez prendre cette nicotine : cela pourra être soit une cigarette, soit une forme orale de substitut nicotinique (pastilles, gommes, comprimés, etc.) ou encore quelques bouffées d'une cigarette électronique. Et si malgré ce premier patch votre envie de fumer est encore trop forte, c'est-à-dire que vous dépassez les dix à quinze cigarettes ou formes orales de nicotine (vous ne comptez pas le vapotage puisque vapoter est votre objectif), vous augmenterez votre taille de patch et le nombre s'il le faut, en suivant la logique décrite dans le schéma suivant :

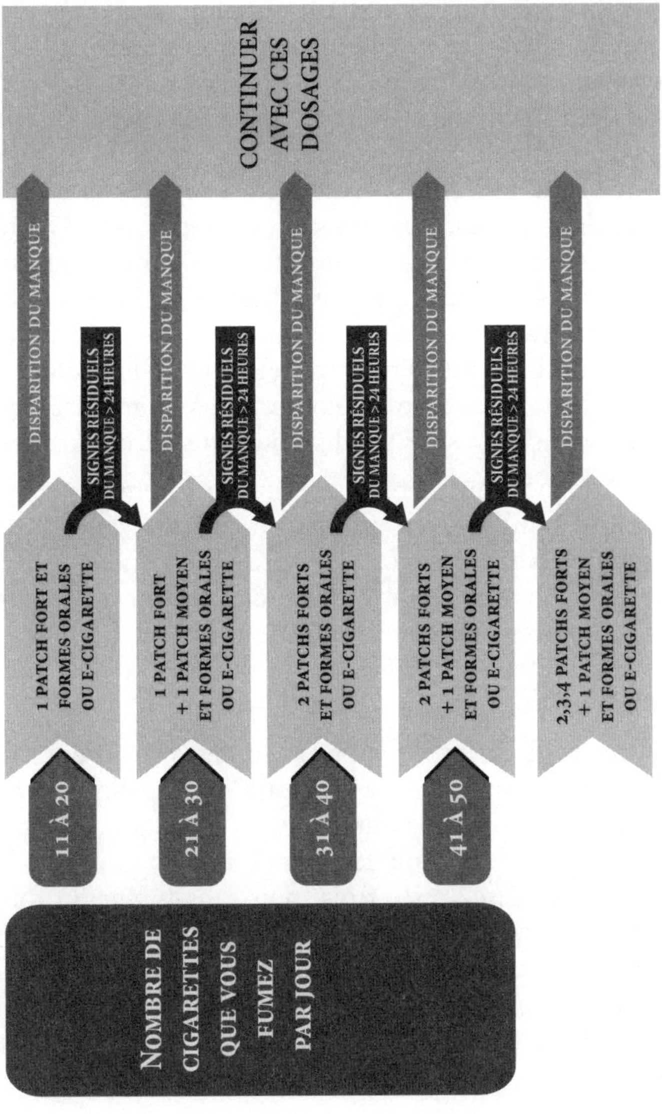
NOMBRE DE CIGARETTES QUE VOUS FUMEZ PAR JOUR
11 À 20
1 PATCH FORT ET FORMES ORALES OU E-CIGARETTE
21 À 30
1 PATCH FORT + 1 PATCH MOYEN ET FORMES ORALES OU E-CIGARETTE
31 À 40
2 PATCHS FORTS ET FORMES ORALES OU E-CIGARETTE
41 À 50
2 PATCHS FORTS + 1 PATCH MOYEN ET FORMES ORALES OU E-CIGARETTE
2,3,4 PATCHS FORTS + 1 PATCH MOYEN ET FORMES ORALES OU E-CIGARETTE
SIGNES RÉSIDUELS DU MANQUE > 24 HEURES
SIGNES RÉSIDUELS DU MANQUE > 24 HEURES
SIGNES RÉSIDUELS DU MANQUE > 24 HEURES
SIGNES RÉSIDUELS DU MANQUE > 24 HEURES
DISPARITION DU MANQUE
DISPARITION DU MANQUE
DISPARITION DU MANQUE
DISPARITION DU MANQUE
DISPARITION DU MANQUE
CONTINUER AVEC CES DOSAGES

Le principe de ce test est simple : vous avez bien compris que grâce au phénomène d'autotitration, c'est votre cerveau qui va lui-même régler la dose de nicotine dont il a besoin. Vous ne risquez donc pas de surdosage si votre but est d'éliminer les signes du manque de nicotine qui vous perturbent. Tant que vous ressentez ces signes, vous êtes en sous-dosage… Soyez donc serein et faites ce test tranquillement, jusqu'à ne plus les éprouver. Restez dans la logique du test gagnant, en étant à votre écoute et sans vous battre pour éliminer délibérément telle ou telle cigarette. Ne sollicitez pas votre volonté, mais augmentez vos tailles et nombres de patchs pour atteindre votre but.

Et quand vous serez resté quelque temps à votre statut d'équilibre, en fumant moins de cinq à dix cigarettes, vous pourrez alors progressivement substituer les cigarettes contre des e-cigarettes ou des pastilles, gommes ou comprimés de nicotine. Le tout en restant toujours détendu et sans mettre à mal votre détermination.

Prenez alors votre temps et écoutez-vous. Peut-être que vous trouverez la e-cigarette et le e-liquide qui vous conviendront. Peut-être que vous préférerez le spray, les gommes ou les pastilles. Peu importe. Et quand vous serez resté trois mois sans fumer du tout, vous pourrez alors vous poser la question de diminuer progressivement les doses de patch, en n'hésitant pas à les reprendre si les envies de fumer reviennent. Vous l'avez compris, il est important d'être souple et de prendre son temps.

Et, bien entendu, vous aurez tout à gagner à consulter un tabacologue pour vous accompagner dans cette démarche. Ses conseils et son soutien vous seront précieux. Il connaît tous les pièges rencontrés par les fumeurs désireux de tourner la page du tabac. Il pourra notamment vous aider si vous avez des problèmes de motivation (voir en annexe l'échelle Q-MAT pour évaluer votre motivation à l'arrêt du tabac).

Que faire dans mon cas particulier?

On me pose souvent la question: «Que faire dans mon cas?» Et c'est vrai qu'aujourd'hui on ne dispose pas de réponses claires sur l'usage de la cigarette électronique, dans telle ou telle situation particulière, par exemple chez les femmes enceintes fumeuses. Alors, beaucoup de gens continuent de fumer, ce qui est assurément terrible pour leur santé.

À l'évidence, vous me direz qu'il vaut mieux utiliser le produit le moins dangereux, à savoir la cigarette électronique. Cependant, l'usage actuel du principe de précaution amène à faire le contraire, c'est-à-dire à déconseiller le produit le moins connu! Il s'agit d'une véritable déviance de ce principe qui devrait être de protéger au maximum les populations du produit assurément mortel, quitte à favoriser l'usage, par des milliers de personnes, d'un produit encore imparfaitement connu, mais dont les fondements sont rassurants.

Notons que la première recommandation est de tout faire pour arrêter de fumer. C'est bien entendu seulement en cas d'échec ou d'impossibilité absolue de se sevrer, même une journée, que se posera la question de vapoter plutôt que de fumer. Sur ce plan, la cigarette électronique peut être considérée comme un véritable substitut nicotinique.

Je fume et je suis enceinte

Ainsi, que pouvons-nous répondre à la question: « Si je n'arrive pas à arrêter de fumer, ne vaut-il pas mieux vapoter plutôt que continuer à fumer en culpabilisant ? » Quels éléments de réponse nous donne le rapport de l'OFT sur le sujet ? Il constate que: « L'e-cigarette semble permettre l'arrêt facile de la prise de cigarette et la normalisation du taux de CO, sans délivrer de cancérogène à l'enfant à naître. » Mais du fait de la déviance actuelle du principe de précaution, on va lire dans le même rapport: « L'hypothèse qu'un jour la e-cigarette sera recommandée chez la femme enceinte fumeuse ne peut totalement être exclue. » Cette position est ambiguë car elle ne répond pas clairement à la question posée et ne permet pas aux femmes de se positionner aujourd'hui.

Mais me direz-vous, si la cigarette électronique est infiniment moins dangereuse que les cigarettes classiques, pourquoi ne pas la conseiller aux femmes enceintes qui ont tout essayé pour arrêter de fumer et qui n'y arrivent pas ? Ce sera bien moins dangereux pour le fœtus, non ? Personne ne peut vous contredire.

Mon conseil est donc de changer la formulation de votre question à votre tabacologue. Dites-lui plutôt : « Je n'ai pas pu m'arrêter de fumer avec les substituts nicotiniques, mais j'ai réussi à le faire en vapotant. Maintenant que je suis enceinte, faut-il que j'arrête de vapoter, au risque de recommencer à fumer ? » Il sera obligé de vous répondre de continuer le vapotage, car là, c'est le tabac qui est assurément dangereux. Autrement dit, avec votre question, vous avez inversé le doute : nous sommes absolument sûrs que la cigarette classique est une atrocité pour le futur bébé, et nous ne savons pas si la cigarette électronique est absolument dénuée de tout danger pour lui.

Fort de ce raisonnement très simple, j'affirme qu'il vaut mieux pour une femme enceinte d'arrêter de fumer en vapotant, dès lors qu'elle aura déjà essayé sans succès d'autres méthodes de sevrage. Chaque journée sans monoxyde de carbone, sans goudron et sans particules toxiques sera moins nocive pour le bébé[1]. Ensuite vous pourrez toujours voir comment vous arrêter de vapoter ou réduire progressivement, avec ou sans patch à la nicotine. Oui, vous pouvez aussi utiliser les patchs à la nicotine et tous les autres

1. Même s'il existait un possible effet toxique de la nicotine sur les cellules neuronales embryonnaires, ce risque serait le même avec la cigarette conventionnelle et avec la e-cigarette. Mais les autres risques très graves liés à la seule combustion du tabac seraient éliminés avec la cigarette électronique, toujours moins dangereuse même dans ce cas. (Benowitz N. L., *Nicotine Safety and Toxicity*, Oxford University Press, 1998).

substituts nicotiniques pour arrêter de fumer : tout vaut mieux que la combustion du tabac.

J'affirme aussi qu'il est très important de conseiller à tous les jeunes papas ou futurs papas d'arrêter de fumer sans attendre pour ne faire que vapoter, si cette méthode leur plaît. Avec cette nouvelle habitude, vous allez protéger votre bébé des risques d'exposition à la fumée du tabac. Vous vous protégerez par la même occasion des risques du tabac et vous serez solidaire de votre femme dans son désir de tourner la page du tabac.

Je fume et j'ai des facteurs de risque cardiaque

Là encore la bonne question est : « Si je n'arrive pas à arrêter de fumer, vaut-il mieux vapoter plutôt que continuer le tabac, même en le diminuant ? » Cette fois-ci encore j'affirme que oui. La cigarette électronique est une forme douce de nicotine au même titre que les substituts nicotiniques qui peuvent être prescrits au décours immédiat d'un infarctus du myocarde, comme nous l'avons vu.

Je soutiens aussi que si vous présentez le moindre risque cardiaque, et que vous n'arrivez pas à arrêter de fumer, vous avez tout intérêt à changer pour la e-cigarette au plus vite, ou pour les substituts nicotiniques, ou pour l'association des deux. Ceci est vrai en cas d'hypertension artérielle, de diabète, d'excès de cholestérol, de surpoids, de sédentarité, de mauvaises habitudes alimentaires et de surstress. C'est aussi vrai pour les femmes qui prennent la pilule et qui fument. Le tabac est le deuxième facteur de risque de faire un infarctus du myocarde après l'excès de cholestérol, ne l'oublions jamais.

Cela est tout aussi vrai pour toutes les autres maladies cardiovasculaires, comme les attaques cérébrales, l'artérite des membres inférieurs, les anévrysmes artériels, la maladie veineuse, etc.

Je fume et j'ai un cancer

Maintenant, vous connaissez la réponse : vapotez ou prenez des substituts nicotiniques, ou encore associez les deux. Ceci est vrai pour les cancers comme pour toute maladie dont le tabac est responsable ou qu'il favorise. Je vous en épargne la longue liste, car vous pouvez aller chercher sur Internet cette information connue de tous.

Je fume et je fais une dépression

Nous avons vu que dans les études d'observation disponibles, les signes du manque sont absents, dès lors que les participants vapotent et fument selon leur volonté. Avec une telle approche, ils arrêtent de fumer ou réduisent leur consommation sans vraiment souffrir. Cette absence de souffrance, ou son très faible niveau, devrait les protéger du risque de dépression que l'on observe chez ceux qui se lancent dans une tentative de sevrage classique, seuls ou avec uniquement des substituts nicotiniques.

Néanmoins, la dépression peut toujours toucher celui qui essaye de s'arrêter de fumer, et elle doit être diagnostiquée tôt, afin de permettre une prise en charge rapide. Si vous vous sentez anormalement triste ou si vous avez l'impression de ne plus vous intéresser à rien ou de ne plus éprouver de plaisir, allez voir votre tabacologue ou votre médecin de famille, ou votre psychologue ou psychiatre sans attendre. D'autres signes peuvent vous alerter comme une fatigue inhabituelle, un ralentissement ou, au contraire, une agitation non justifiée, un sentiment de dévalorisation ou de culpabilité, des pensées de mort récurrentes, des difficultés à penser ou à vous concentrer, voire des troubles du sommeil… Si vous avez un doute, vous pouvez aussi répondre vous-même aux questions du test HAD[1] que les tabacologues utilisent le plus souvent (disponible en annexe de ce livre).

Dans tous les cas, si vous présentez quelques-uns des signes dépressifs décrits plus haut, vous pouvez tout à fait continuer de vapoter si cela vous fait du bien, mais votre prise en charge médicale devra être envisagée, par une thérapie de type cognitovo-comportementale et/ou des antidépresseurs, par exemple.

---

1. HAD : Hospital Anxiety and Depression Scale de Sigmond et Snaith. (Guelfi J. D. et al., *Dépression et syndromes anxio-dépressifs*, Ardix Médical.)

Commencer un sport régulièrement pourra aussi être envisagé, l'activité physique constituant la meilleure façon de contrecarrer les ruminations caractéristiques de la dépression. D'où son efficacité maintenant démontrée dans cette indication[1]. Vous l'avez compris, ne restez pas seul avec une dépression débutante et foncez voir votre médecin traitant ou celui qui vous suit pour l'arrêt du tabac.

J'ai peur de grossir en arrêtant de fumer, que faire ?

Beaucoup de fumeurs craignent de grossir en arrêtant de fumer et, souvent, ils ont déjà vécu une expérience leur donnant raison. Il est vrai que l'usage du tabac augmente les dépenses énergétiques de l'organisme de 10 %[2], et qu'un sevrage brutal expose à une prise de poids de plusieurs kilos. Et même si cela n'est pas systématique – surtout si on en profite pour assainir sa vie, manger mieux et faire du sport –, cela peut être un frein à la décision d'arrêter de fumer.

Bonne nouvelle, la cigarette électronique utilisée avec des e-liquides nicotinés permet de ne pas grossir, à l'instar des autres substituts nicotiniques, dès

---

1. David Servan-Schreiber, *Guérir le stress, l'anxiété et la dépression : Sans médicaments ni psychanalyse*, Robert Laffont, 2003.

2. Audrain-McGovern J., Benowitz N. L., *Cigarette Smoking Nicotine, and Body Weight.* Clinical Pharmacology and Therapeutics, July 2001.

lors qu'ils sont suffisamment dosés. Ce qui compte, c'est de s'organiser, et donc de prendre suffisamment de nicotine pour ne pas ressentir les effets négatifs du manque, dont les fringales. Plutôt que de diminuer trop vite la teneur en nicotine de ses e-liquides, il est donc préférable de profiter du regain de son souffle pour se remettre au sport et du renouveau de son goût pour se remettre à la cuisine, notamment méditerranéenne.

Mon adolescent fume, que faire ?

Cette question revient très souvent et les adultes se retrouvent impuissants, dès lors que plus du tiers des adolescents deviennent des fumeurs réguliers au collège ou au lycée. Ils ont beau les avoir prévenus, ou en avoir discuté avec eux, rien n'y a fait.

À mon avis, les quatre seules choses à faire pour aider ses enfants à ne pas fumer sont :

— ne pas fumer ou arrêter de fumer dès que possible. Il n'est jamais trop tard, et un adolescent peut être favorablement influencé par un sevrage tardif, voire par l'abandon de la cigarette par son père ou sa mère pour la e-cigarette ;
— parler régulièrement ensemble des méfaits du tabac, à chaque fois que les actualités en donnent l'occasion ;
— le pousser à faire du sport de haut niveau en club, les sportifs constituent le milieu le plus opposé au tabac ;

— être sensible à son bonheur et à tout ce qui peut toucher à son estime de soi : ses difficultés pas seulement scolaires, ses stress, voire ses débuts de dépression, ses déconvenues amoureuses ou encore son impression de ne pas être physiquement à la hauteur (notamment le surpoids pour les filles). Toutes les souffrances sont des moments de grande fragilité face à l'incitation à fumer suggérée par leurs pairs.

Mais quand manifestement l'adolescent est devenu dépendant au tabac, il faut l'aider à prendre conscience de ce problème pour sa santé, ses économies et sa liberté. Certains parents arrivent à convaincre leurs enfants de se rendre à une consultation de tabacologue pour arrêter de fumer, mais c'est très rare.

La question se pose aujourd'hui de leur conseiller la cigarette électronique. Pour toutes les raisons que nous avons développées dans ce livre, je vois mal quels arguments on pourrait opposer à cette solution, infiniment moins dangereuse que le tabac.

Je croise régulièrement des jeunes de 17 à 18 ans qui se retrouvent enchaînés à la cigarette et qui aimeraient s'en libérer facilement. Pourquoi ne pourrait-on pas leur conseiller d'essayer la cigarette électronique ? J'ai aussi croisé des jeunes qui n'avaient pas attendu mes conseils pour arrêter le tabac grâce à la e-cigarette. Je n'ai pratiquement jamais vu cela avec les substituts nicotiniques.

Interdire la cigarette électronique aux mineurs ?

Reste la question polémique de l'interdiction de la vente d'e-cigarettes aux mineurs et de la prohibition de toute publicité, de manière à diminuer le risque de les voir essayer les cigarettes électroniques. La crainte est qu'ayant été initiés au vapotage, ils ne se lancent dans le tabac. La référence est alors celle des Prémix[1] qui faciliteraient l'initiation des adolescents à l'alcool par leurs goûts sucrés et doucereux. Pourtant, de nombreux vapoteurs déclarent ne plus supporter la cigarette, ce qui est un signe positif du sevrage tabagique et de la grande différence entre les deux pratiques.

Mais la question émane la plupart du temps de gens qui n'ont jamais essayé de vapoter. S'ils l'avaient fait, ils se seraient rendu compte qu'il y a un monde entre essayer de vapoter et se mettre à fumer.

Il est en effet probable qu'un adolescent non-fumeur commencera naturellement par vapoter des e-liquides sans nicotine, car il bénéficiera alors de tous les arômes disponibles. L'ajout de la nicotine ne lui apporterait en effet que des désagréments qui s'apparentent vite à ceux de son surdosage. Cela n'augmenterait aucunement son plaisir de vapoter, dès lors qu'il n'aurait jamais fumé auparavant. Et, de toute façon, qu'il ait essayé ou non des e-liquides nicotinés, s'il passe à la

1. Boisson mixant alcool et sirop pour en adoucir l'effet.

cigarette conventionnelle, il subira tous les désagréments de ceux qui débutent, à savoir gorge et bronches brûlées. Le vapotage ne l'aura pas vraiment préparé à ce choc et à cette sensation détestable. La e-cigarette est ainsi au tabac ce que le champomy[1] est à l'alcool. On ne dispose du reste d'aucune étude décrivant une telle tendance à passer de la e-cigarette au tabac.

C'est ce constat qui a amené le Pr Jean-François Etter à affirmer, dans un appel au ministre de la Santé lors de la journée sans tabac du 31 mai 2013: « L'interdiction de vente de e-cigarettes aux mineurs est aussi disproportionnée, en plus d'être difficilement applicable. Les patchs et gommes de nicotine ne sont pas interdits à la vente aux mineurs. Et si les e-cigarettes protègent les adultes contre le tabagisme, elles pourraient aussi en protéger les adolescents. De plus, il n'y a pas de preuve que les e-cigarettes favorisent l'entrée dans la dépendance nicotinique[2], l'affirmation contraire est tout aussi plausible[3]. » Jean-François Etter va même jusqu'à ajouter dans son der-

---

1. Marque commerciale française d'une boisson gazeuse non alcoolisée à base de jus de pomme. L'aspect de la boisson et de la bouteille imite celui du champagne.

2. Selon l'Association antitabac britannique (ASH), seul 1 % des adolescents n'ayant jamais fumé a essayé la cigarette électronique. Selon l'OFT, ce chiffre reste très faible en France, soit 1,6 %.

3. Jean-François Etter, Gérard Mathern, Jacques Le Houezec, Communiqué reflétant notre désaccord avec les propos de Mme la ministre de la Santé à propos de la e-cigarette, 31 mai 2013.

nier livre[1] : « À l'âge des nouvelles expériences, il est incontestablement préférable de découvrir la nicotine en la vapotant plutôt qu'en la fumant. »

Dans le même sens, les industriels du tabac ont essayé à plusieurs reprises de lancer des cigarettes contenant moins de nicotine et chaque fois leurs ventes ont baissé, les poussant à abandonner leurs essais[2]. Commencer à fumer des e-liquides sans nicotine ne devrait donc pas être une très forte incitation à fumer.

Dans tous les cas, il est vraiment très urgent de disposer de véritables enquêtes sur les comportements des jeunes face à la e-cigarette et au tabac et de ne pas établir de politique de santé publique sur de simples préjugés. C'est une véritable question de stratégie dont le but est d'évaluer l'impact de tous les scénarios envisageables. On ne peut écarter aussi légèrement le scénario inverse qui, faisant une large promotion de la cigarette électronique, pousserait un maximum de fumeurs à quitter le tabac. Marginaliser le plus vite possible l'usage de cette drogue ne serait-il pas la meilleure façon d'en protéger les jeunes ?

Cette question est d'autant plus importante qu'aujourd'hui plus du tiers d'entre eux sortent du lycée en étant fumeurs, et qu'il est difficile d'imaginer faire pire dans un contexte où l'image du tabac s'est beaucoup dégradée, même auprès des adolescents, et que

1. Jean-François Etter, *La Vérité sur la cigarette électronique*, *op. cit.*

2. Gérard Dubois, *Le Rideau de fumée*, Le Seuil, 2003.

ses risques sont connus de tous. Vaut-il mieux positionner la cigarette électronique comme un plaisir interdit de plus, ou bien comme un produit pour se débarrasser du tabac ? Connaissant l'appétence particulière des adolescents pour tous les plaisirs qu'on leur refuse, appétence largement exploitée par l'industrie du tabac, on peut se demander si les bonnes intentions qui sont incontestablement derrière ces décisions ne seront pas contreproductives.

Pour choisir le meilleur argument, l'idéal serait de faire appel à des experts du marketing et de la communication, et non pas à des médecins, aussi talentueux soient-ils. Pourquoi l'industrie du tabac serait-elle la seule à utiliser les services de ces professionnels ?

Quel bilan médical faire à l'occasion de mon sevrage du tabac ?

Si notre organisme respire mieux quand nous avons réussi à nous arrêter de fumer, le corps ne remet pas immédiatement les compteurs à zéro. Il est donc important de vérifier que tout va bien grâce à un bilan médical simple.

C'est ce que me disait un ami cancérologue, qui venait d'arrêter de fumer lui-même, avec cette phrase pleine de bon sens : « Il n'y a rien de plus déprimant que de convaincre un patient d'arrêter de fumer pour sa santé et de le revoir une, deux ou trois années après, avec un cancer du poumon. »

Que faire pour éviter ce piège ? Car c'est bien un piège dès lors que le cancer du poumon peut mettre dix à vingt ans pour se constituer, et peut donc être en place avant le début du sevrage. C'est pour cela que je conseille régulièrement aux fumeurs en début de sevrage de consulter un pneumologue afin de bénéficier d'un scanner pulmonaire et d'avoir une « photo » de départ nous permettant de constater que les poumons sont encore indemnes ou bien, s'ils sont atteints, de commencer une prise en charge sans attendre. Ce qu'il faut comprendre avec les scanners pulmonaires, c'est qu'aujourd'hui ils sont beaucoup moins irradiants et qu'ils permettent de repérer une tumeur de la taille d'un grain de riz. Or à cette taille, le taux de guérison définitif après chirurgie est de plus de 75 %, ce qui est considérable, contre 5 % pour des tailles plus élevées[1]. Il est donc important de diagnostiquer les cancers broncho-pulmonaires le plus tôt possible. De plus, disposer d'une « bonne photo » au début du sevrage est très encourageant. Cela peut même être une bonne source de motivation.

Lors de cette consultation avec le pneumologue, vous bénéficierez également d'un examen spirométrique permettant d'évaluer votre fonction pulmonaire et de détecter tôt asthme sous-jacent ou début de BPCO (broncho-pneumopathie chronique obstructive). Vous déterminerez aussi ensemble la fréquence ultérieure de la surveillance par scanner du cancer du poumon.

Dans la même logique, je vous conseille de faire un bilan biologique comportant un frottis vésical. Nous avons vu que le cancer de la vessie est dû au tabac dans le tiers des cas.

Je vous conseille aussi de consulter un ORL au moindre changement de voix, à la moindre anomalie de la bouche et de la gorge. Là aussi, la rapidité de

1. Henschke C. I., *Lung Cancer Study CT screening may cut death*, American College of Radiology. www.acr.org

la prise en charge est déterminante pour guérir d'un cancer des voies aérodigestives supérieures.

Je vous conseille enfin de consulter votre cardiologue si vous présentez d'autres risques cardiovasculaires que ceux dus au tabac, afin de bénéficier systématiquement d'un électrocardiogramme, voire un test d'effort si vous voulez reprendre le sport.

D'une manière générale, faites-vous suivre médicalement quand vous arrêtez de fumer. Vous traversez alors souvent une période positive, propice à l'engagement pour votre santé. Autant en profiter pour faire un bon point.

Reste la question de savoir quand faire un bilan si vous voulez vous remettre au sport pour reprendre complètement votre santé en main.

Je vous recommande d'en faire un systématiquement si vous avez quarante-cinq ans ou plus, et si vous répondez une fois oui à l'une des questions suivantes[1] :

1. Votre médecin vous a-t-il déjà dit que vous souffriez d'un problème cardiaque et que vous ne deviez participer qu'à des activités physiques prescrites et approuvées par un médecin ?
2. Ressentez-vous une douleur à la poitrine lorsque vous faites une activité physique ?
3. Durant le dernier mois, avez-vous ressenti des douleurs à la poitrine lors de périodes autres que celles où vous participiez à une activité physique ?

1. Questionnaire sur l'activité physique (Q-AAP).

4. Éprouvez-vous des problèmes d'équilibre liés à un étourdissement ou vous arrive-t-il de perdre connaissance ?

5. Souffrez-vous de problèmes osseux ou articulaires qui pourraient être aggravés par une activité physique ?

6. Prenez-vous actuellement des médicaments pour contrôler votre pression artérielle ou un problème cardiaque ?

7. Selon vous, existe-t-il une autre raison qui vous empêcherait de faire de l'exercice ou de pratiquer une activité physique ?

Il est important de consulter votre médecin pour faire un bilan avant la reprise du sport. Notez bien que si vous répondez non, vous n'avez rien à perdre à faire un bilan ! Votre santé est précieuse, d'autant plus que maintenant vous en prenez davantage soin en ayant arrêté de fumer, ou en fumant moins.

FAITES-VOUS VOTRE PROPRE OPINION (LOIN DES LOBBIES ET DES ALARMISTES)

De l'importance d'être libre de ses choix

•

L'une des clés de la réussite, et donc du sevrage du tabac, est manifestement la liberté du vapoteur de pouvoir choisir ses modèles d'e-cigarettes, ses atomiseurs, ses dosages en nicotine, ses arômes de liquides et sa durée de vapotage. Ce choix lui permet de trouver le modèle qui lui convient le mieux, lui procure le maximum de plaisir et lui permet de ne pas se mettre la pression. Cette liberté favorise aussi l'émergence des communautés de vapoteurs, qui vont partager leurs expériences, se soutenir entre eux, et faire évoluer les dispositifs en remontant leurs remarques aux fabricants. Car la cigarette électronique n'a cessé de s'améliorer depuis son lancement il y a une dizaine d'années et on peut considérer que les modèles de dernière génération, sur le marché depuis 2011, sont vraiment performants.

Du fait de cette variété de modèles, des jetables aux mods, en passant par les pens de type 510 ou KR 808 ou les eGo, les vapoteurs sont globalement satisfaits du système très libre qui prévaut en France[1]. Il leur permet aussi bien de s'approvisionner sur de nombreux sites Internet que de trouver de nombreux modèles dans des boutiques spécialisées, voire des jetables dans des tabagies ou dans certaines pharmacies. La seule contrainte qui existe en France concerne le dosage des liquides qui ne doit pas dépasser 20 mg par ml en nicotine. Au-dessus, le produit est considéré comme un médicament, à l'instar des substituts nicotiniques.

De nombreux acteurs aux enjeux contradictoires

Mais le marché de la cigarette électronique devenant très important, il intéresse de nombreux acteurs, aux enjeux très contradictoires. En effet, il dépasse maintenant le marché pharmaceutique des substituts nicotiniques. Il met surtout en danger l'énorme marché de l'industrie du tabac par son potentiel à réduire le nombre de fumeurs réguliers : rien que pour l'année 2013, le marché du tabac reculera de 10 % en France…

Ces industriels sont ainsi aux abois, car les projections des ventes de e-cigarettes – qui ont triplé chaque année aux États-Unis depuis 2007 – montrent que

1. En Belgique, la commercialisation est prohibée, mais pas l'usage. Il n'est cependant pas permis, depuis septembre 2012, d'utiliser la cigarette électronique dans les lieux où fumer n'est pas autorisé.

En Suisse, la vente de cartouches avec nicotine est interdite, mais l'importation pour usage personnel est tolérée.

la cigarette électronique devrait dépasser la cigarette conventionnelle dans les dix années à venir[1], ce qui est logique dès lors que 70 à 80 % des fumeurs veulent quitter le tabac et que la cigarette électronique leur donnera de plus en plus satisfaction au fur et à mesure de ses améliorations (même si aujourd'hui le marché de la e-cigarette n'est que de 1 milliard de dollars comparativement aux plus de 300 milliards de dollars des quatre principaux cigarettiers mondiaux[2]).

En conséquence, les industriels du tabac investissent massivement dans la e-cigarette (détail en annexes) et sont en train de se positionner sur les deux marchés potentiels de la cigarette électronique, celui du médicament comme substitut nicotinique, et celui des produits d'usage courant. Et compte tenu de leurs capacités financières, rien ne peut se faire sans eux.

Outre les grandes industries du médicament et du tabac, le marché des cigarettes électroniques concerne l'État qui perçoit moins de taxes sur les e-cigarettes que sur le tabac, le monde médical qui n'a pas encore eu le temps de bien se positionner, les buralistes et les divers fabricants de e-cigarettes actuelles, dont les industriels chinois.

---

1. Herzog B., Gerberi J., Scott A., *Equity Research. Lorillard, Inc. LO: Q2 2013 Strong Newport Poised For Continued Momentum*, Wells Fargo Securities, July 25 2013.

2. Cynthia Callard, «*Follow the money*», Tobacco Control, April 2010.

On imagine la pression qu'ont eu à subir les six cent soixante-neuf députés européens qui ont eu à se prononcer le 8 octobre 2013 sur le statut de la cigarette électronique. Devaient-ils opter pour qu'elle devienne un médicament avec une distribution exclusive en pharmacie ou pour qu'elle garde son statut actuel avec une distribution mixte en pharmacie et ailleurs ?

Quelles auraient été les conséquences si la e-cigarette était devenue un médicament exclusif?

Le 10 juillet 2013, la commission ENVI (commission Santé et Environnement du Parlement européen) se positionnait pour que la cigarette électronique devienne un médicament exclusif, sur la demande de Linda McAvan, rapporteur en charge de la directive tabac. Elle illustrait sur ce plan la position prise par la Grande-Bretagne et British American Tobacco qui avait déposé son dossier pour l'enregistrement de l'une de ses cigarettes électroniques comme médicament. Quelles en auraient été les conséquences ?

Elles auraient été globalement désastreuses pour la santé publique, et voici pourquoi :

— La recherche pour les cigarettes électroniques s'apparente plus à celle des téléphones portables qu'à celle des médicaments, avec de constantes améliorations. Ces progrès sont nécessaires pour contenter un nombre de plus en plus grand de fumeurs et les aider à tourner la page du tabac. Cette recherche n'aurait pu se poursuivre avec la même inventivité, dès lors qu'elle aurait dû s'astreindre aux lourdes procédures d'enregistrement des médicaments. Cela serait revenu à éliminer du marché tous les industriels indépendants de la e-cigarette, qui portent seuls cette recherche constante d'innovations depuis dix ans. L'industrie pharmaceutique et celle du tabac se seraient ainsi retrouvées seules face à face dans les pharmacies.

— Les vapoteurs auraient vu l'offre diminuer, d'autant plus que jusqu'à présent les industriels du tabac se sont surtout positionnés sur la production d'e-cigarettes de type « look-alike[1] », proche de celui des cigarettes classiques, de faible autonomie et de faible capacité, avec des logiques d'exclusivité liées à des modèles de cartouches incompatibles entre eux. Or les vapoteurs, dans leur grande majorité, veulent garder la liberté de choisir leurs modèles tout en ayant accès au large choix d'e-liquides disponibles. Cette réduction de l'offre et la baisse de l'innovation auraient rendu la e-cigarette moins attrayante, entraînant la diminution du nombre de fumeurs quittant le tabac pour elle. Les vapoteurs, quant à eux, se mettraient massivement à s'approvisionner sur Internet, comme cela se passe en Suisse on trouve des boutiques où ces produits sont aujourd'hui interdits à la vente ;

— Les associations de vapoteurs ont ainsi intensément milité à travers toute l'Europe contre ce projet

1. Comme les marques Vype, MarkTen ou Vuse.

de loi visant à faire de la e-cigarette exclusivement un médicament.

— L'industrie pharmaceutique aurait alors été considérée comme liberticide par les vapoteurs et amalgamée avec celle du tabac avec qui elle aurait partagé la victoire. Elle aurait ainsi concentré sur elle de la rancœur, ce qui est un comble pour une industrie qui sauve chaque année des millions de vies. Elle se serait surtout retrouvée violemment confrontée à celle du tabac qui aurait alors intensifié la pression pour entrer en pharmacie avec ses propres produits.

— Quant à l'industrie du tabac, elle était probablement divisée sur ce point, avec un British American Tobacco prêt à lancer ses produits enregistrés comme des médicaments, alors que Lorillard aurait préféré lancer sa marque Blu en Europe dans un marché libre. Mais dans l'hypothèse où la e-cigarette serait devenue un médicament exclusif, cela aurait aussi bénéficié aux industriels du tabac. D'un côté, en perdant ses principaux points de distribution actuels, la croissance de la cigarette électronique aurait été considérablement ralentie, permettant à l'industrie du tabac de continuer à vendre massivement ses cigarettes conventionnelles. De l'autre, ces mêmes industriels, avec leur puissance financière, auraient tous rapidement lancé leurs propres cigarettes électroniques en pharmacie.

La e-cigarette restera en Europe un produit d'usage courant

Au final, notamment grâce à la mobilisation des vapoteurs, les députés européens ont voté le 8 octobre 2013 pour que la cigarette électronique garde son statut actuel[1]. Entre le mois de juillet et le mois d'octobre, les tendances auront été complètement renversées, 386 députés votant pour le maintien du statut le plus libre, contre 283 députés en faveur de la e-cigarette comme médicament exclusif.

Quelles en seront les conséquences ? Elles seront probablement bonnes pour la santé publique, et voici pourquoi :

— À court terme, les industriels indépendants de la e-cigarette vont pouvoir continuer leur recherche et la distribution de leurs offres, ce qui permettra au marché de garder son dynamisme actuel, avec un nombre toujours croissant de fumeurs.

— Les industriels du tabac vont tous arriver à très court terme en Europe avec leurs propres cigarettes électroniques et le combat sera rude. Dans tous les cas, il profitera à la santé publique dès lors que les vapoteurs seront plus nombreux.

— Les industriels du médicament vont eux aussi arriver avec leur offre, spécialement étudiée pour

1. La loi devra être approuvée dans les vingt-huit capitales européennes, puis sera appliquée en 2017.

les pharmacies. Ceci est fondamental pour la santé publique, car un très grand nombre de fumeurs attendra d'être complètement rassuré par la qualité pharmaceutique des produits pour se lancer. La pression étant moins forte au début, l'industrie pharmaceutique aura un peu plus de temps pour prendre ses marques face à celle du tabac, ce qui sera essentiel pour son succès. Surtout, dans ce contexte ouvert, elle sera plus facilement soutenue par les vapoteurs face aux industriels du tabac, ce sera un véritable atout, en plus du savoir-faire propre aux pharmaciens.

— Au total, le marché d'usage courant sera complété par celui de la pharmacie, cela va contribuer au dynamisme général en faveur de la e-cigarette.

Notons que l'industrie du tabac est encore gagnante dans ce scénario. Mais elle sera amenée à changer progressivement de métier. Ce n'est pas la même chose de vendre des parachutes qui sauvent des vies, que de vendre des kalachnikovs qui en tuent.

Rester libre de ses choix

La très forte adhésion des fumeurs désireux de se sevrer du tabac grâce à la cigarette électronique, illustrée par son succès commercial, ainsi que la mobilisation citoyenne des vapoteurs, ont donc imposé aux industriels du tabac de modifier leur stratégie en les poussant à jouer sur les deux tableaux : limiter la dégradation de leur marché du tabac et profiter de l'essor du marché de la e-cigarette.

Mais la puissance de l'industrie du tabac est telle que l'on peut craindre qu'elle acquière rapidement un monopole au détriment des industriels indépendants de la e-cigarette. L'exemple du rachat de la marque d'e-cigarettes Blu par l'industriel du tabac Lorillard (Newport, Kent, Old Gold) est éloquent. Il aura suffi d'une année à Lorillard, de mai 2012 à mai 2013, pour booster sa marque d'e-cigarettes Blu, et la propulser de moins de 5% de part de marché à 35%, rejoignant ainsi le leader indépendant Njoy qui, lui, a baissé dans le même temps de 45% de part de marché à 35%.

La concurrence sera donc très dure et l'on ne peut que se réjouir de constater que l'industriel Njoy a décidé d'enrichir son *board* de grands scientifiques, dont l'ancien ministre de la Santé américain (ou ex-*Surgeon General*), le Dr Richard Carmona, qui sera le directeur du comité scientifique du groupe. Cela aidera tant au dynamisme de la recherche qu'à distinguer les chevaliers blancs des chevaliers noirs.

On peut aussi espérer que l'industrie pharmaceutique saura développer une offre lui permettant de prendre toute sa place avec le soutien des communautés de vapoteurs. Là encore, ces industriels du médicament sont clairement, pour moi, du côté de Luke Skywalker que de celui de Dark Vador…

Espérons enfin qu'Internet permettra aux industriels indépendants de garder leur place. L'essor et la maturité du commerce électronique peuvent beaucoup changer la donne, comme cela a été le cas dans d'autres marchés.

Pour ma part, j'espère surtout que les associations de vapoteurs resteront mobilisées pour conseiller les fumeurs et les guider dans ce Nouveau Monde. Elles ont le potentiel de devenir les principaux prescripteurs de ce marché, en pouvant recommander une solution plutôt qu'une autre en fonction de leurs atouts pour les usagers, mais aussi en déconseiller certaines dès lors qu'elles seraient proposées par l'industrie du tabac.

La liberté, clé du succès de la cigarette électronique

Dans tous les cas, et dans toutes les hypothèses, il me semble essentiel de préserver au maximum la liberté du vapoteur en lui fournissant un large choix de modèles d'e-cigarettes et de liquides différents, à un prix raisonnable, nettement en dessous de celui de la cigarette. Ce sont ces considérations qui doivent guider les politiques, car avec la cigarette électronique nous disposons enfin d'une solution efficace pour tourner la page du tabac plus rapidement. Il sera aussi important que les autorités publiques demandent aux industriels des études cliniques randomisées, mais avec des doses et des durées libres comme nous l'avons vu.

Il est indispensable de préserver le rôle actif des vapoteurs qui s'impliquent dans le choix de leurs matériels et de leurs liquides. La liberté est essentielle au succès de leur projet de quitter le tabac et à la force de leur engagement. Et la meilleure façon de renforcer cette liberté est que chacun reste mobilisé et continue à se faire sa propre opinion.

Ne pas avoir peur des prêcheurs de l'apocalypse

L'enfer est pavé de bonnes intentions… et de moins bonnes. Il en est ainsi de certaines publications, les unes affichant de mauvais résultats pour la cigarette électronique, mais négligeant de mettre en avant les raisons de ces échecs, les autres étant vraiment de mauvaise foi.

Utiliser des mauvais modèles de cigarettes sans le signaler

Nous avons rapidement vu qu'en septembre 2013, le Lancet publiait une étude dans laquelle la cigarette électronique n'obtenait pas de résultats significativement supérieurs à ceux d'un patch, voire même à ceux d'une cigarette électronique sans nicotine[1]. Autrement dit, selon cet essai, tant la cigarette électronique que

1. Bullen C. et al., *Electronic cigarettes for smoking cessation: a randomised controlled trial.* www.thelancet.com Published online September 7, 2013. http://dx.doi.org/10.1016/S0140-6736(13)61842-5

le patch se sont révélés totalement inefficaces par rapport à un placebo, ne contenant pas de principe actif. Nous avons aussi vu que l'auteur, Christopher Bullen, signalait que les modèles utilisés n'étaient pas efficaces et ne délivraient aux fumeurs que 20 % de la dose de nicotine qu'ils obtenaient avec leur cigarette. Il ajoutait que les modèles de nouvelle génération permettent de délivrer beaucoup plus de nicotine et concluait donc très logiquement qu'il faudrait refaire l'étude avec de tels modèles.

J'ai donc demandé ces précisions au Pr Bullen par courriel. Il en ressort que le modèle distribué aux participants datait de plus de trois ans, que ceux-ci n'avaient qu'une seule cigarette et qu'un chargeur de secours leur avait été distribué dans un deuxième temps. Quant aux cartouches, leur capacité n'était que de 0,5 ml, soit 8 mg de nicotine, correspondant au maximum à quatre cigarettes, ce qui est très insuffisant pour des patients fumant en moyenne dix-huit cigarettes par jour depuis plus de vingt ans.

Aujourd'hui, les vapoteurs disposent de dispositifs nettement plus performants, et de kits contenant deux e-cigarettes leur permettant de tenir toute la journée sans avoir à les recharger. Ils disposent de cartouches ou de réservoir nettement plus importants, leur permettant là aussi de tenir une journée ou de ne remplir qu'une seule fois leur dispositif. Ainsi, ils consomment réellement la dose de nicotine dont ils ont besoin pour ne pas souffrir des signes du manque. Le fait que les participants de l'étude Bullen n'ont utilisé que 8 mg de nicotine par jour confirme qu'ils n'étaient pas satisfaits par le matériel qui leur avait été procuré ni par les explications qui leur avaient été fournies.

Malheureusement, ces informations et ces réserves, fondamentales à la compréhension des mauvais résultats affichés, ne sont accessibles qu'en page 7 de la publication. Ce n'est pas une omission me direz-vous, puisque les principales données sont disponibles, mais en pratique cela revient pratiquement au même.

Il s'agit de la quasi-dissimulation d'une information clé, quand celle-ci est placée en fin de publication. J'aimerais, pour vous convaincre, vous citer l'exemple d'une étude célèbre qui, elle aussi, fit beaucoup parler d'elle : l'essai TNT[1] ou Treating to New Targets (Traiter avec de nouveaux objectifs). Cette étude montra qu'une statine, médicament faisant baisser le cholestérol, diminuait davantage le nombre des accidents cardiovasculaires majeurs des participants quand elle était fortement dosée à 80 mg par jour plutôt que faiblement à 10 mg. D'où le nom de l'étude, « Traiter avec de nouveaux objectifs » : les médecins se mirent à prescrire ce médicament à forte dose, ce qui coûta une fortune à la société et entraîna de nombreux effets secondaires.

1. LaRosa J. C. et al., *Intensive Lipid Lowering with Atorvastatin in Patients with Stable Coronary Disease*, N Engl J Med 2005 ; 352 : 1425-1435.

Pourtant il était bien indiqué, en fin du résumé de la publication, et en page 7 en détail, qu'en termes de mortalité globale, on n'observait pas de meilleurs résultats avec les fortes doses de statines qu'avec les faibles doses. Autrement dit, cela n'était pas utile de prescrire de fortes doses de statines. L'information principale de cette étude TNT était elle aussi disponible en page 7…

C'est ainsi que depuis la sortie de l'étude Bullen, de gros doutes sur l'efficacité de la cigarette électronique sont apparus, y compris auprès des tabacologues, certains se disant déçus. Dans le meilleur des cas, il est dit que la cigarette électronique ne fait pas mieux ou à peine mieux qu'un patch, ce qui est en opposition avec les faits observés. Or vous l'avez bien compris, la seule conclusion de cette étude est que les anciens modèles d'e-cigarettes sont inefficaces et qu'il faut faire des études avec les modèles de nouvelle génération.

Dissimuler les principaux résultats

Dans un registre différent, la revue *60 millions de consommateurs*[1] faisait, en septembre 2013, sa une avec le titre : « Les cigarettes électroniques ne sont pas sans danger ! » Son article a été largement repris par les télés, les radios, et par de nombreux journaux et sites Internet, à tel point que j'ai entendu plusieurs fumeurs

1. *60 millions de consommateurs,* n° 485, septembre 2013.

me dire : « Heureusement que je ne m'y suis pas mis à cette cochonnerie ! »

C'était l'un des meilleurs buzz de la rentrée. Pourtant, le journal n'apporte strictement rien de nouveau. Que reste-t-il ? Surtout de la peur pour les fumeurs qui hésitaient à se lancer dans la cigarette électronique pour sauver leur santé. Mais au prétexte de tout dire objectivement pour le « bien » de ses lecteurs, mais aussi pour faire un buzz de tout premier plan, voyons ce qu'un organisme comme l'Institut national de la consommation peut aller chercher comme arguments afin de produire un article amenant à douter de la e-cigarette.

Rien de nouveau, rien de grave

Pour faire leur papier, les investigateurs sont allés jusqu'à mettre au point une nouvelle méthode de mesure des contenus de la vapeur, différente des machines à fumer classiques… sans nous donner aucune précision sur leur méthode ni sur les dosages obtenus.

Ont-ils pour autant trouvé des goudrons (les cancérigènes les plus puissants de la fumée du tabac) ? Non. Ont-ils trouvé des particules fines responsables des insuffisances respiratoires des fumeurs ? Non. Ont-ils trouvé du monoxyde de carbone, responsable des infarctus et des attaques cérébrales chez le fumeur ? Pas davantage. Non seulement ils n'ont trouvé aucun des trois principaux fléaux reconnus du tabac, mais ils omettent tout simplement de l'écrire.

Ainsi, sur les milliers de produits toxiques contenus dans la fumée du tabac, ils n'en ont retrouvé que trois, considérés généralement comme mineurs par rapport aux autres. Rien de nouveau : des études avaient déjà abouti à ces conclusions et le rapport de l'Office français de prévention du tabagisme[1] sur la cigarette électronique en donne même les dosages, plutôt rassurants. *60 millions de consommateurs* ne nous donne pas les dosages, mais indique seulement qu'ils « flirtent » avec ceux des cigarettes conventionnelles[2].

Quelques toxiques mineurs aux doses de la e-cigarette

Regardons d'un peu plus près les trois produits toxiques mis en exergue : le formaldéhyde, l'acétaldéhyde et l'acroléine, retrouvés dans la vapeur des e-cigarettes à des doses qui « pourraient » être similaires à celles antérieurement retrouvées dans la fumée du tabac.

J'aimerais au préalable vous poser trois petites questions, pour vous donner une idée du niveau de danger de ces trois produits :

1. Rapport et avis d'experts sur la e-cigarette. OFT, Mai 2013.

2. Sans préciser si les produits contenus dans les cigarettes conventionnelles ont été mesurés avec la même méthode que celle retenue par le journal pour la cigarette électronique. Ce serait un biais très important.

— Vous arrive-t-il de produire quotidiennement des gaz comme tout le monde ? Si oui, vous fabriquez chaque jour du formaldéhyde…

— Vous arrive-t-il de boire un peu de vin ou de bière ? Si oui, vous produisez naturellement de l'acétaldéhyde qui est le principal métabolite de l'alcool…

— Vous arrive-t-il de faire la cuisine ? Si oui, vous êtes régulièrement exposé à un peu d'acroléine, résultant du chauffage de graisses ou de glycérol…

Voyons donc le formaldéhyde tout d'abord, ou méthanal dans sa forme gazeuse. C'est un produit de dégradation du méthane par l'oxygène et les rayons du soleil. Le méthane est le gaz naturel le plus utilisé dans le monde, notamment pour le chauffage. Il est aussi produit par les êtres vivants, dont les ruminants en grande quantité, et par nous-mêmes dans nos flatulences… Ce gaz se transforme donc en méthanal que l'on retrouve dans l'air pollué des villes, près des décharges, près des élevages intensifs et près des marécages. On le retrouve également dans les émanations des colles utilisées pour fabriquer nos meubles et dans les bois agglomérés qui le diffusent dans les pièces où ils servent. On trouve aussi du formaldéhyde dans les lingettes pour le sol, les nettoyants pour les vitres, les bougies parfumées… C'est donc un produit que nous côtoyons tous les jours et que notre métabolisme fabrique même en petite quantité. Un toxique, certes, mais infiniment moins dangereux que les trois grands fléaux du tabac. Il est statistiquement cancérigène à de très fortes doses, pour les travailleurs qui y sont exposés. Ces doses sont très loin d'être atteintes pour les vapoteurs[1].

L'acétaldéhyde ensuite, que nous sommes nombreux à fabriquer chaque jour en nous dès lors que nous buvons un peu. Notre organisme transforme en effet l'alcool que nous ingérons en acétaldéhyde sous l'effet d'une enzyme (ADH), puis en citrates et en bicarbonates. L'acétaldéhyde est un cancérigène responsable d'une partie des dégâts de l'alcool, mais aussi un antidépresseur, de la famille des IMAO. C'est également un composé naturellement produit par les plantes et il contribue à l'odeur du romarin, des jonquilles, de l'orange amère, du camphre, du fenouil, de la moutarde et de la menthe... Là encore, les faibles quantités générées par la cigarette électronique sont beaucoup moins dangereuses que celles résultant du simple fait de boire un verre de vin par jour.

Le troisième aldéhyde retrouvé dans la vapeur de la cigarette électronique est l'acroléine, qui provient des graisses chauffées ou graisse âcre (d'où son nom: âcre-oléine). C'est le produit irritant de la cuisine et des barbecues, et autant que possible, il vaut mieux l'éviter. C'est aussi l'un des composants du parfum

1. AFSSET (Agence française de sécurité sanitaire de l'environnement et du travail), 2008: Risques sanitaires liés à la présence de formaldéhyde dans les environnements intérieurs et extérieurs. «Le risque pour la population générale de développer un cancer du nasopharynx suite à l'inhalation de formaldéhyde semble négligeable au vu des niveaux de concentration mesurés actuellement dans l'air.»

des caramels... Une fois de plus, c'est un produit que nous sommes nombreux à côtoyer au quotidien, dont le danger est sans commune mesure avec les trois fléaux du tabac.

Pour être complet, *60 millions de consommateurs* a trouvé des traces de métaux dans certaines vapeurs d'e-cigarettes (aluminium, antimoine, chrome, étain, nickel, plomb, zinc), métaux que l'on retrouve dans de nombreuses eaux minérales et dans les poissons. Il en existe bien d'autres dans la fumée du tabac dont du cadmium qui est un cancérigène avéré et que l'on ne retrouve pas dans la vapeur des e-cigarettes. Bien entendu, *60 millions de consommateurs* ne nous précise pas que les aldéhydes dénoncés se retrouvent surtout dans les dix premières bouffées tirées avec un nouvel atomiseur... Et qu'il suffit de ne pas les inhaler.

Ne pas écouter les alarmistes

D'une manière générale, il faut se méfier des prêcheurs de l'apocalypse et des alarmistes qui se font plaisir en nous effrayant et qui font leur business de nos peurs. En se focalisant sur quelques détails, en passant l'essentiel sous silence, ils arrivent à nous terrifier de tout.

Un exemple me semble tout aussi consternant que celui que nous venons de voir avec la cigarette électronique, c'est celui de l'aspartame. Comme la e-cigarette devrait toujours être comparée au tabac, infiniment plus dangereux, l'aspartame devrait toujours être comparé au sucre qu'il remplace. Or si d'un côté l'aspartame est utilisé comme édulcorant dans le monde depuis près de trente ans, sans que la moindre maladie n'ait pu lui être attribuée, de l'autre il a été largement démontré que la surconsommation de sucre est responsable du diabète et de l'obésité, deux causes majeures favorisant cancers et accidents cardiovasculaires.

Malgré cela, de nombreuses personnes ont davantage peur de l'aspartame que du sucre et cette peur est alimentée par des articles de presse sans fondement et des études de mauvaise foi. Celle qui a eu le plus d'impact fut la publication de Thorhallur Halldorsson[1], qui annonça en 2010 que les femmes enceintes qui consommaient une boisson édulcorée par jour ou plus avaient un risque significativement plus élevé d'avoir un accouchement prématuré. C'était d'autant plus grave que cette étude concernait les 59 334 femmes d'une étude danoise soutenue par l'Union européenne.

Mais en lisant l'étude en détail, on se rend compte que cette différence significative ne concerne pas la grande majorité des femmes de cette cohorte, mais seulement les 556 (soit moins de 1 %) dont l'accouchement a été médicalement provoqué avant la trente-septième semaine de grossesse. Pour quelle raison ?

1. Halldorsson T. I. et al., *Intake of Artificially Sweetened Soft Drinks and Risk of Preterm Delivery: a Prospective Cohort Study in 59,334 Danish Pregnant Women*, Am J Clin Nutr 2010 ; 92 : 626-3.

L'étude ne nous le précise pas... Autrement dit, encore une alarme pour rien, qui a été dénoncée par l'Autorité européenne de sécurité des aliments[1].

Ne pas avoir peur de tout

Nous vivons vraiment une époque très dangereuse, surtout si nous buvons du Coca zéro avec de l'aspartame et sans sucre, et que nous vapotons en même temps des e-cigarettes sans goudrons, particules fines, ni monoxyde de carbone ! Si cela prête à rire, cela prête aussi à pleurer, car on peut réellement se demander si les auteurs qui signent ces papiers, et les revues qui les publient, ne sont pas tout simplement inconséquents. Leur course à l'audience voudrait nous faire prendre des claque-doigts[2] pour des bombes atomiques, quitte à détourner les fumeurs d'une nouveauté essentielle pour leur santé.

D'autres plus sincères, comme le Pr Bullen, arrivent à des résultats similaires en mettant en cause l'efficacité des e-cigarettes sur la base d'études présentant de

1. L'Autorité européenne de sécurité des aliments (EFSA) en a conclu que « cette étude ne présentait pas de preuve permettant d'établir une relation de cause à effet entre la consommation de sodas contenant des édulcorants artificiels et les accouchements prématurés ». www.efsa.europa.eu/fr/faqs/faqaspartame.htm?wtrl=01#21

L'avis scientifique de l'AFSA sur l'aspartame, publié le 8 janvier 2013, est disponible sur son site : www.efsa.europa.eu/fr/faqs/faqaspartame.htm?wtrl=01#21

2. Tout petits pétards.

grands biais méthodologiques et utilisant des modèles techniquement dépassés.

D'autres enfin, comme certains experts, exposent publiquement leurs doutes sur la e-cigarette, déplorant de ne pas disposer d'études définitivement concluantes sur son innocuité. Là encore, le ratio risque du tabac d'un côté (50 %) et risque de la e-cigarette de l'autre (0,1 %) ne leur suffit pas : ils ont besoin d'une certitude absolue. Je trouve cela regrettable, car le doute peut faire des dégâts tout aussi importants que ceux du buzz que nous venons de voir. Combien de fois n'ai-je pas entendu des mamans me dire : « Je ne vaccine pas mon enfant, car j'ai un doute… » Ou d'autres personnes ne pas prendre leur traitement, car elles ont un doute.

Où est le danger ?

En conclusion, la question qui compte est toujours la même : faut-il avoir peur de la cigarette électronique quand on est fumeur ? La réponse est assurément négative. La e-cigarette est infiniment moins nocive que la vraie et ne plus fumer pour vapoter est un progrès considérable, car on réduit ses risques de cancer et d'infarctus et on retrouve son souffle.

Ne tombez donc pas dans ce piège des prêcheurs de l'apocalypse et des publications scientifiques mal présentées. Ces informations sont dangereuses dans la mesure où elles peuvent détourner les fumeurs d'une solution pouvant les sauver. Vapotez donc tranquillement, en vous disant que vous avez tout à gagner à quitter le tabac ou à réduire votre consommation de cigarettes. Et si vous avez un doute, discutez avec un ami vapoteur qui pourra vous décrire tous les bénéfices qu'il aura ressentis lui-même. Cela vaudra largement toutes les expertises.

Et si je devais positionner la cigarette électronique sur une échelle de danger, je la placerais en dessous du tabac et des drogues bien sûr, mais aussi bien en dessous du vin, même à doses modérées, ou encore en dessous du pop-corn ou des bonbons pour les risques d'obésité ou de diabète, voire en dessous du fromage et du saucisson pour le sel et l'hypertension. Je la placerais même en dessous des jeux vidéo qui favorisent la sédentarité…

Conclusion

Les habitudes ont la vie dure. Presque à chaque fois que j'ai convaincu un fumeur de passer à la cigarette électronique, je l'ai entendu me dire: «Je commencerai pendant les vacances, car le contexte sera plus favorable...» (Ou une autre affirmation de ce genre.) Autrement dit, mon interlocuteur se projetait dans un plan de sevrage du tabac et, conformément à ses expériences précédentes, il se voyait déjà souffrir.

Se convaincre de ne vapoter «rien que pour le plaisir»

Je reprenais alors mes explications en lui rappelant qu'il était hors de question de jeter ses cigarettes ou de les cacher, mais que je lui conseillais simplement d'essayer la cigarette électronique «rien que pour le plaisir». Et qu'il pouvait vapoter et fumer en même temps si besoin, du moment qu'il ne se mettait pas la pression. Autrement dit, la cigarette électronique n'était pas un instrument de torture de plus, mais un nouveau plaisir à découvrir qui, incidemment, allait l'aider à arrêter de fumer beaucoup plus facilement. Un essai sans risque et sans douleur en quelque sorte, et qui n'avait rien à voir avec les expériences pénibles qu'il aurait pu vivre auparavant.

Et si je ressentais encore un peu d'incrédulité chez mon interlocuteur, je le poussais à aller visiter les forums de vapoteurs pour lire leurs témoignages. Après tout, c'est grâce à eux que je fus moi-même convaincu de l'efficacité de la cigarette électronique et de son grand potentiel à satisfaire les fumeurs.

Offrir une cigarette électronique

On voit aussi de plus en plus de gens offrir des cigarettes électroniques à leurs proches et je le fais moi-même régulièrement. Cela fait plaisir, car les produits sont très bien présentés aujourd'hui, pouvant passer pour des cadeaux un peu luxueux.

Pour le choix, soyez simple et prenez un modèle de type eGo avec clearomiser CC (ou Stardust), qui convient à pratiquement tout le monde et qui est bien adapté pour un premier essai.

Car ce qui compte, c'est bien d'aider son ami fumeur à faire un essai. En psychologie de l'engagement, on appelle cela « mettre un pied dans la porte[1] »... Du moment que cet essai est facile à effectuer, et peut

1. Robert-Vincent Joule et Jean-Léon Beauvois, *La Soumission librement consentie*, PUF, 2009.

se faire en toute liberté, il prédispose ensuite à s'engager vers un usage plus important.

Si vous êtes non-fumeur, ne vous mettez surtout pas dans la tête de vouloir imposer la cigarette électronique à quiconque. Elle doit rester un plaisir et une liberté. À défaut, l'essai aura de grandes chances d'être raté, et ce sera un échec très regrettable pour la suite.

Progresser, c'est changer de problème…

C'est au Maroc que je termine ce livre, à Sidi-Toual, au sud d'Agadir, sur une très belle plage isolée, balayée de vent et chahutée de rouleaux. Je suis chez Johnny qui a construit une maison troglodyte, comme celle des pêcheurs, directement sur la plage. Nous discutons du désert et de sa prochaine expédition, quand je le vois sortir son eGo Stardust de sa poche et vapoter tranquillement. La vue d'une e-cigarette dans un endroit aussi perdu me remplit de joie et me donne beaucoup d'espoir. Et quand je lui demande depuis combien de temps il vapote, il me répond: «Depuis que je ne fume plus, cela fait dix-huit jours. Tu sais, je fumais trois paquets par jour depuis vingt ans. J'ai arrêté le jour même où j'ai commencé avec l'ecig. Enfin, je me suis gardé une cigarette avec un peu de cannabis une fois par jour, mais très petite. Et ma femme fume à côté de moi sans que cela me dérange. J'utilise un e-liquide à 19 mg. Il faudrait que je commence à baisser, non?»

Je n'ai vraiment pas pu m'empêcher de rire devant sa question. Voici un homme qui fumait comme un pompier depuis vingt ans, qui ne fume pratiquement plus grâce à son e-cigarette, et qui se soucie maintenant de se désintoxiquer de la nicotine... Je trouve cela drôle, car cette situation est typiquement humaine. Chaque fois que nous trouvons une solution à un problème, nous passons au problème suivant. Autrement dit, progresser, c'est changer de problème, pour passer d'un plus gros à un plus petit...

Je lui ai bien sûr conseillé de prendre son temps, en lui précisant qu'il pouvait garder ce dosage à 19 mg autant de mois que nécessaire. Je lui ai aussi indiqué qu'il pouvait faire un essai avec une concentration inférieure, en s'autorisant à repasser au 19 mg si besoin. Puis nous avons parlé de différents modèles d'atomiseurs et de divers accessoires, dont une cordelette pour garder son e-cigarette autour du cou. « Tu comprends, comme cela je l'aurai moins souvent dans la main et je ferai moins le geste automatiquement... »

Tiens, un nouveau problème. Tout va bien pour Johnny ! Et il en sera de même pour vous, quand vous quitterez le tabac tout en douceur avec votre e-cigarette. Vous allez rapidement oublier combien il vous était pratiquement impossible d'arrêter de fumer avant, et vous ne considérerez plus ce problème, mais d'autres plus triviaux, comme comment entretenir mon atomiseur, quel parfum essayer, quel équipement emmener pour un voyage de dix jours ?

Un monde sans tabac

J'ai croisé d'autres vapoteurs à Agadir, dont le patron d'un restaurant, pour recueillir chaque fois les mêmes témoignages : le plaisir de vapoter et la satisfaction d'avoir pu quitter le tabac aussi facilement. Le constat aussi de cette facilité à établir le contact et à avoir des discussions vraiment très sympathiques. D'une manière générale, je croise de plus en plus de vapoteurs satisfaits partout et c'est vraiment réconfortant.

Mais il reste beaucoup de chemin à parcourir, car aujourd'hui les vapoteurs ne représentent encore que 5 % des fumeurs dans certains pays (Europe, Amérique du Nord, etc.). C'est beaucoup, car cela s'est fait rapidement et d'une certaine manière discrètement. Mais c'est encore très peu et il faut continuer à défendre la e-cigarette, à faire du prosélytisme, à augmenter le cercle de ses soutiens dans le corps médical et dans le monde politique. La cigarette électronique est la meilleure solution jamais trouvée pour tourner la page du tabac, alors cela vaut le coup de la défendre et de la promouvoir. C'est la raison pour laquelle j'ai coordonné, avec neuf autres spécialistes, de toutes les spécialités concernées par les pathologies du tabac, un appel pour la reconnaissance de la cigarette électronique par les professionnels de santé, de manière à ce qu'ils soient convaincus de l'intérêt de la conseiller à leurs patients. Cet appel a été publié par *Le Parisien* le 7 octobre 2013[1] et largement repris par la presse.

Espérons que les personnalités en vue donneront aussi l'exemple comme le font déjà dans la vie Louis Bertignac, Carla Bruni, Catherine Deneuve, Leonardo DiCaprio, Johnny Hallyday, Madona et Jack Nicholson. La scène dans laquelle Johnny Depp explique à Angelina Jolie comment vapoter est précieuse... À quand un nouveau James Bond vapotant en dégustant son martini ?

Écrire soi-même le mot « FIN »

Un dernier argument nous concerne tous, fumeurs et non-fumeurs, et il me semble essentiel de le prendre en compte, car il est très peu connu : arrêter de fumer est un acte très écologique. Et il ne s'agit pas simplement de ne plus jeter des mégots partout. Il s'agit de comprendre que pour sécher la récolte d'un hectare de tabac, il faut brûler un hectare de forêt. Il faut en effet entre 2,5 et 40 kg de bois pour sécher 1 kg de tabac[2]. C'est ainsi que la culture du tabac amène à détruire chaque année 5 millions d'hectares de forêt, auxquels il faut ajouter les 350 000 tonnes de papier pour fabriquer les cigarettes. Décidément, le tabac n'asphyxie pas que les fumeurs et les victimes

1. www.leparisien.fr/laparisienne/sante/l-appel-inedit-de-dix-medecins-en-faveur-de-l-e-cigarette-07-10-2013-3203251.php. Texte disponible en annexe.

2. Gérard Dubois, *Le Rideau de fumée*, *op. cit.*

du tabagisme passif! Quant aux batteries des cigarettes électroniques, elles doivent être recyclées comme des piles, tout simplement (de même que les liquides, les flacons et les plastiques, etc.).

Une fois de plus, il s'agit de hiérarchiser les problèmes, car aucune solution n'est sans inconvénient. L'exemple de l'écologie est intéressant, car si à l'évidence il faut préférer les énergies propres, elles ne sont pas toutes dénuées de désavantages. Il faut pouvoir peser le pour et le contre et être pragmatique. C'est ainsi que les pessimistes devront, entre deux maux, choisir le moindre, et que les optimistes n'auront qu'à retenir la solution la plus bénéfique.

Aujourd'hui pour les fumeurs, c'est la e-cigarette qui s'avère être beaucoup moins dangereuse que la cigarette conventionnelle.

Tant de vies sont en jeu qu'il faut leur proposer des messages clairs pour les aider à prendre les meilleures décisions pour leur santé. C'est tout l'enjeu et toute l'ambition de ce livre : aider ses lecteurs à tourner la page du tabac et à écrire eux-mêmes le mot « FIN ».

ANNEXES

Le vocabulaire des vapoteurs[1]

— cigarette électronique : ecigarette, e-cigarette, ecig, vaporisateur personnel, vapoteuse, vapo ;

— vapoter : vaper, la vape, utiliser la cigarette électronique ;

— vapoteur(euse) : vapeur(euse), l'utilisateur ;

— liquide contenu dans la e-cigarette : e-liquide, ejuice, eliquide ;

— cigarette classique : tueuse ;

— nicotiné : se dit d'un e-liquide contenant de la nicotine.

1. *Le mag' Aiduce*, n° 1, juillet 2013.

Échelle de dépression HAD[1]

Cette échelle permet, avec des questions simples, de savoir si une personne présente des signes de dépression. Elle est très utilisée par les tabacologues.

A) Questions autour de l'anxiété

Je me sens tendu ou énervé.

0 Jamais.
1 De temps en temps.
2 Souvent.
3 La plupart du temps.

J'ai une sensation de peur comme si quelque chose d'horrible allait m'arriver.

0 Pas du tout.
1 Un peu, mais cela ne m'inquiète pas.
2 Oui, mais ce n'est pas trop grave.
3 Oui, très nettement.

---

1. *Hospital Anxiety and Depression Scale de Sigmond et Snaith.* Guelfi J. D. et al., Dépression et syndromes anxio-dépressifs, Ardix Médical.

Je me fais du souci.

0 Très occasionnellement.
1 Occasionnellement.
2 Assez souvent.
3 Très souvent.

Je peux rester tranquillement assis à ne rien faire et me sentir décontracté.

0 Oui, quoi qu'il arrive.
1 Oui, en général.
2 Rarement.
3 Jamais.

J'éprouve des sensations de peur et j'ai l'estomac noué.

0 Jamais.
1 Parfois.
2 Assez souvent.
3 Très souvent.

J'ai la bougeotte et n'arrive pas à tenir en place.

0 Pas du tout.
1 Pas tellement.
2 Un peu.
3 Oui, c'est tout à fait le cas.

J'éprouve des sensations soudaines de panique.

0 Jamais.
1 Pas très souvent.
2 Assez souvent.
3 Vraiment très souvent.

B) Questions autour de la dépression

Je prends plaisir aux mêmes choses qu'autrefois.

0 Oui, tout autant.
1 Pas autant.
2 Un peu seulement.
3 Presque plus.

Je ris facilement et vois le bon côté des choses.

0 Autant que par le passé.
1 Plus autant qu'avant.
2 Vraiment moins qu'avant.
3 Plus du tout.

Je suis de bonne humeur.

0 La plupart du temps.
1 Assez souvent.
2 Rarement.
3 Jamais.

J'ai l'impression de fonctionner au ralenti.

0 Jamais.
1 Parfois.
2 Très souvent.
3 Presque toujours.

Je ne m'intéresse plus à mon apparence.

0 J'y prête autant d'attention que par le passé.
1 Il se peut que je n'y fasse plus autant attention.
2 Je n'y accorde pas autant d'attention que je devrais.
3 Plus du tout.

Je me réjouis d'avance à l'idée de faire certaines choses.

0 Autant qu'avant.
1 Un peu moins qu'avant.

2 Bien moins qu'avant.
3 Presque jamais.

Je peux prendre plaisir à un bon livre ou à une bonne émission radio ou télé.

0 Souvent.
1 Parfois.
2 Rarement.
3 Très rarement.

Résultats de l'échelle HAD:

Cette échelle explore les symptômes anxieux et dépressifs. Faire le total du versant anxiété et dépression: 21 points maximum pour chacun.

Entre 8 et 10: état anxieux ou dépressif douteux.
Au-delà de 10: état anxieux ou dépressif certain.

Short tabac test pour évaluer votre niveau de dépendance

1. Combien de temps après le lever fumez-vous votre première cigarette ?

— Moins de 5 mn	3
— 6 à 30 mn	2
— 31 à 60 mn	1
— Plus de 60 mn	0

2. Combien de cigarettes fumez-vous par jour ?

— 1 à 10	0
— 11 à 20	1
— 21 à 30	2
— Plus de 30	3

Résultats :
— 0-1 : peu ou pas de dépendance
— 2-3 : dépendance modérée
— 4-6 : dépendance forte

(Source : Raynaud M., Rev Prat Med Gen, 2002 ; 16 : 121-134.)

Q-MAT pour évaluer votre motivation à l'arrêt du tabac (Lagrue G. et Légeron P.)

Choisissez une réponse à chacune des quatre questions suivantes, et notez le nombre de points de chaque réponse, puis calculez votre score final.

1 – Pensez-vous que dans six mois:

— Vous fumerez toujours autant: (0)
— Vous aurez diminué un peu votre consommation de cigarettes: (2)
— Vous aurez beaucoup diminué votre consommation de cigarettes: (4)
— Vous aurez arrêté de fumer: (8)

2 – Avez-vous, actuellement, envie d'arrêter de fumer?

— Pas du tout: (0)
— Un peu: (1)
— Beaucoup: (2)
— Énormément: (3)

3 – Pensez-vous que dans quatre semaines:

— Vous fumerez toujours autant: (0)
— Vous aurez diminué un peu votre consommation de cigarettes: (2)

— Vous aurez beaucoup diminué votre consommation de cigarettes: (4)
— Vous aurez arrêté de fumer: (6)

4 – Vous arrive-t-il de ne pas être content(e) de fumer:
— Jamais: 0
— Quelquefois: 1
— Souvent: 2
— Très souvent: 3

Votre total de points est égal à:
— Moins de 6: vous êtes peu ou pas motivé(e)
— De 6 à 12: votre motivation est à renforcer
— Plus de 12: Vous êtes vraiment motivé(e) à l'arrêt

Les investissements massifs de l'industrie du tabac dans la e-cigarette

— Dès 2012, Lorillard (Newport, Kent, Old Gold) a racheté Blu-ecigs pour 135 millions de dollars, relançant ses ventes grâce à son réseau pour en faire le leader aux États-Unis en une petite année.

— Toujours en 2012, British American Tobacco ou BAT (Dunhill, Pall Mall, Lucky Strike) a absorbé la société CNCreative en Grande-Bretagne (Intellicig, Vype et Nicadex) et a mis en place des essais pour obtenir une autorisation de mise sur le marché des médicaments, avec un lobbying très conséquent dans ce sens.

— En juin 2013, Reynolds American (Kool, Camel, Winston) a lancé la e-cig Vuse.

— Altria Group (Marlboro, Philip Morris) commercialise sa e-cig MarkTen depuis septembre 2013;

— Enfin, Imperial Tobacco (Davidoff, West, Peter Stuyvesant, Gauloises, Gitanes, Royale, Fortuna et News) a acquis en septembre pour 75 millions de dollars la société Dragonite International Ltd, celle qui a été cofondée par l'inventeur de la e-cigarette moderne, le pharmacien Hon Lik. Il est intéressant de noter que Dragonite s'était par ailleurs rapprochée de Veritas Biomed pour produire une e-cigarette aux qualités pharmaceutiques (la marque Only One).

— Sans oublier Swisher, leader des cigares aux États-Unis, qui commercialise sa propre ecig Swisher et Japan Tobacco International (JTI), qui a pris une participation dans Ploom.

Texte de «L'appel pour le test gagnant»

Cet appel a été diffusé à la presse pour la Journée sans tabac du 31 mai 2012 et a été présenté par Michel Cymes et Marina Carrère-d'Encausse pour *Le Magazine de la santé* sur France 5 ce même jour.

«Les substituts nicotiniques pour les fumeurs, c'est sans danger, et c'est quand vous voulez. En tant que tabacologues, nous faisons le constat d'un paradoxe entre la consommation du tabac qui reste stable et l'image du tabac qui s'est très nettement détériorée dans notre société. Ce paradoxe est d'autant plus marquant que la très grande majorité des fumeurs désire arrêter aujourd'hui.

Ce paradoxe s'explique en grande partie par les craintes et les idées fausses des patients face aux substituts nicotiniques, les empêchant de se lancer dans leur sevrage ou les poussant à l'arrêter à la moindre difficulté.

Pourtant, l'usage établi de longue date par les tabacologues montre la très grande efficacité et la très bonne tolérance des substituts nicotiniques quand ils sont utilisés à de forts dosages de patchs associés à différentes formes orales à la demande.

Il convient donc de combattre complètement les fausses idées qui circulent encore sur les substituts et le sevrage tabagique en affirmant de manière publique et forte que :

— C'est la combustion du tabac qui est dangereuse (CO ou monoxyde de carbone, goudrons cancérigènes, particules fines), pas la nicotine.

— La nicotine seule n'a pas de toxicité réelle ni pour le cœur, ni pour les poumons, ni pour le développement du fœtus. Elle n'est pas davantage cancérigène. Elle est donc parfaitement indiquée chez tout fumeur en phase aiguë d'infarctus du myocarde, d'accident vasculaire cérébral ou juste après le diagnostic d'un cancer. Elle peut être aussi utilisée chez la femme enceinte fumeuse pour augmenter ses chances de sevrage tabagique, sevrage qui est essentiel à la santé de son futur bébé.

Les substituts nicotiniques ne sont contre-indiqués que chez les enfants de moins de quinze ans, mais ils sont en fait non indiqués sauf exception à cet âge. Les substituts nicotiniques ne délivrent que de la nicotine :

— Un patch ne délivre que l'équivalent d'environ la dose de nicotine d'une cigarette par heure.

— Une gomme, une pastille, un comprimé ou une dose d'inhaleur ne délivrent que la dose de nicotine d'une cigarette environ.

— On peut donc associer patchs et formes orales, ce qui multiplie les chances de réussite du sevrage. Les seuls signes d'un éventuel surdosage en nicotine sont les mêmes que ceux ressentis lorsque l'on fume plus que d'habitude, c'est-à-dire la bouche pâteuse, des nausées éventuelles, des maux de tête éventuels et un dégoût de la cigarette.

— Il n'est pas plus dangereux de prendre une cigarette si l'on a envie de fumer avec un patch, que de fumer sans patch.

— Et que l'on peut essayer les substituts nicotiniques avant de s'arrêter totalement de fumer, de manière à tester leur efficacité, leur possible association, et de tester les doses et les formes les plus adaptées à chacun.

L'avantage de la dernière affirmation est qu'elle contient toutes les autres et qu'elle est très pratique. Cela permet d'aborder la période de sevrage de manière beaucoup plus sereine. C'est ce que nous proposons d'appeler "le test gagnant".

C'est ainsi que nous appelons tous les professionnels de santé à proposer à leurs patients fumeurs désireux ou non d'arrêter de fumer :
— de faire un test de deux à trois jours en mettant un patch (*cf.* tableau ci-dessous pour la taille),
— d'y associer, selon leurs envies de fumer, la forme orale de leur choix (gomme, pastille, comprimé ou inhaleur),
— de ne pas s'interdire de fumer si l'envie persiste plus de cinq secondes, mais de noter le nombre de cigarettes fumées par jour.

L'objectif de ce test est d'aider à bien comprendre comment s'utilisent les substituts et quels sont leurs effets, notamment sur l'atténuation et l'espacement des signes du manque, et de comprendre les différentes composantes de la dépendance tabagique.

Cela permettra à chaque fumeur ayant fait le test d'être mieux armé pour débuter son sevrage tabagique en gardant comme objectif de devenir non-fumeur sans souffrance.

Ce test sans interdiction de fumer ne nécessite aucune volonté d'arrêt, juste d'avoir le désir de mieux comprendre l'arrêt et de ressentir l'arrêt, pour le dédramatiser et apprivoiser les techniques de l'arrêt, et éprouver l'absence de danger liée aux substituts nicotiniques, notions qu'il sera essentiel d'avoir acquises lors de la décision de sevrage total qui peut être initié dans la foulée ou un peu plus tard. »

Fume	≤ 10 cig/j	11-20 cig/j	21-30 cig/j	> 30 cig/j
À distance du lever	Patch (moyen) ± formes orales	Patch (moyen ou fort) + formes orales	Patch (fort) + formes orales	Patch (fort ± moyen) + formes orales
Rapidement après le lever	Patch (moyen) + formes orales	Patch (fort) + formes orales	Patch (fort ± moyen) + formes orales	Patchs (fort + moyen) + formes orales

Ce tableau est strictement indicatif, toutes formes et doses sont, selon la préférence (« votre préférence »), du fait de la tolérance particulièrement bonne des substituts nicotiniques.

Les signataires de l'appel pour le test gagnant sont les experts tabacologues suivants :

— Dr Marion Adler, tabacologue, Hôpital Antoine-Béclère, Clamart

— Dr Didier Allibert, tabacologue, Dijon

— Pr Henri Jean Aubin, addictologue, Hôpital Paul-Brousse, Villejuif

— Dr Martine Beltan, tabacologue, Cuers

— Dr Ivan Berlin, pharmacologue, tabacologue, Département de pharmacologie GHU – Pitié-Salpêtrière, INSERM U 894, Paris

— Dr François Bisseliches, cardiologue, tabacologue, Hôpital Antoine-Béclère, Clamart

— Dr Catherine Bodin, tabacologue, Hôpital Antoine-Béclère, Clamart

— Dr Augustin Chassaing, tabacologue, Réseau ressource, Clamart

— Pr Bertrand Dautzenberg, pneumologue, Hôpital de la Pitié-Salpêtrière, Paris, président de l'Office français de prévention du tabagisme

— Dr Agnès Delrieu, tabacologue, chargée de mission à l'Office français de prévention du tabagisme

— Pr Jean-Dominique Dewitte, Santé au travail et maladies liées à l'environnement, CHRU de Brest

— Dr Daniel Karinthi, tabacologue, Fontenay-aux-Roses

— Jacques Le Houezec, docteur en sciences de la vie et de la santé, tabacologue, Rennes

— Dr Béatrice Le Maître, tabacologue, CHU de Caen

— Dr Gérard Mathern, pneumologue, Institut Rhône-Alpes Auvergne de tabacologie – Hôpital de la Croix-Rousse, Lyon

— Dr Phuc Nguyen, addictologue, CHR de Roannes

— Dr Gérard Peiffer, pneumologue, Metz

— Dr Béatrice Peltre Fleurier, tabacologue, Hôpital Antoine-Béclère, Clamart

— Dr Jean Perriot, pneumologue-addictologue, Clermont-Ferrand

— Dr Stéphanie Pozzi-Gaudin, gynécologue, tabacologue, Hôpital Antoine-Béclère, Clamart

— Dr Philippe Presles, tabacologue, directeur associé de l'Institut Moncey, Paris

— Pr Daniel Thomas, cardiologue, Institut de cardiologie – Pitié-Salpêtrière, Paris

Appel pour la reconnaissance par les médecins de la cigarette électronique

Cet appel a été publié le 7 octobre 2013 dans *Le Parisien* et repris dans de très nombreux médias:

www.leparisien.fr/laparisienne/sante/l-appel-inedit-de-dix-medecins-en-faveur-de-l-e-cigarette-07-10-2013-3203251.php

En tant que médecins, nous voyons quotidiennement des patients gravement victimes de leur tabagisme, dont beaucoup mourront ou seront invalides malgré nos soins. Il s'agit du problème de santé publique le plus grave dans le monde. Nous voyons par ailleurs se développer l'usage de la cigarette électronique qui aide manifestement de nombreux fumeurs à tourner la page du tabac. Mais des idées fausses se font jour qui en limitent la diffusion, alors que son potentiel en termes de santé publique est réel.

Il convient donc d'affirmer que:

— C'est la combustion du tabac qui est dangereuse pour la santé des fumeurs, pas la nicotine. Il est ainsi bien établi que les substituts nicotiniques ne sont pas dangereux pour la santé des fumeurs désireux de quitter le tabac. Il en est de même pour la nicotine contenue dans les e-cigarettes.

— Les principaux poisons produits par la combustion du tabac et contenus dans sa fumée sont le monoxyde de carbone ou CO responsable d'infarctus du myocarde et d'attaques cérébrales, les goudrons cancérigènes, et les particules fines aboutissant à des bronchites chroniques obstructives. Les dangers des cigarettes électroniques sont infiniment moindres que ceux du tabac, dès lors que leur vapeur ne contient ni CO, ni goudrons, ni particules fines.

— Les caractéristiques de la cigarette électronique doivent toujours être comparées à celles de la cigarette conventionnelle, et s'il persiste des doutes et des débats sur la parfaite innocuité à long terme de certains de ses composants, ils doivent être confrontés à la certitude absolue de la dangerosité du tabac.

— La cigarette électronique peut être conseillée à tout fumeur désireux d'arrêter de fumer et elle peut tout à fait faire l'objet d'une coprescription de patch, voire de formes orales de nicotine, si son seul usage s'avère insuffisant pour lui permettre d'atteindre ses objectifs. Elle est moins addictive que la cigarette conventionnelle et participe ainsi à un sevrage rapide ou progressif du tabac.

Nous recommandons donc à nos confrères de s'informer activement sur la cigarette électronique qui constitue un nouvel enjeu de santé publique dans notre lutte commune contre les maladies du tabagisme. Le rapport et avis d'experts sur la e-cigarette de l'Office français de prévention du tabagisme (OFT, mai 2013) constitue sur ce plan une synthèse remarquable.

Nous recommandons que les recherches visant à améliorer les e-cigarettes et leurs e-liquides continuent activement, de manière à pouvoir contenter un nombre toujours plus important de fumeurs et les aider efficacement au sevrage du tabac. Dans ce but, nous soutenons la position des autorités françaises de ne pas faire de la e-cigarette un médicament, de manière à laisser la recherche ouverte à tous les industriels potentiellement concernés par la sécurité et l'efficacité de ce produit.

Signataires :

— Angiologie : Pr Jean-Pierre Becquemin, Hôpital Henri-Mondor

— Cancérologie : Dr Thierry Dorval, Institut Curie

— Cardiologie : Dr Pascal Lim, Hôpital Henri-Mondor

— Gynécologie : Dr David Elia, Genesis, Paris

— Neurologie : Pr Hugues Chabriat, Hôpital de Lariboisière

— ORL : Dr Jean-Michel Klein, président du syndicat national des ORL

— Pneumologie : Dr Hervé Pegliasco, Hôpital Européen de Marseille

— Psychiatrie : Dr Yann Hodé, Centre hospitalier de Rouffach

— Tabacologie : Dr Philippe Presles, directeur de l'Institut Moncey

— Urologie : Pr Olivier Traxer, Hôpital Tenon

Les maladies du tabac (liste non exhaustive) :

Angiologie : Artérite des membres inférieurs, anévrysme de l'aorte, sténoses carotidiennes.

Cancérologie : Cancers ORL, broncho-pulmonaires, de l'œsophage, du sein, de la vessie, du rein, du col de l'utérus, la leucémie myéloïde.

Cardiologie : Infarctus du myocarde.

Gynécologie : Cancers gynécologiques, infertilité, échec des FIV, pathologies fœtales.

Neurologie : Attaques cérébrales, sclérose en plaques, maladie d'Alzheimer.

ORL : Cancer de la bouche, du larynx, du pharynx, du cavum, sinusites et laryngites chroniques.

Pneumologie : Cancers bronco-pulmonaires, asthme, broncho-pneumopathie chronique obstructive.

Psychiatrie : Dépression, tabagisme des schizophrènes.

Tabacologie : Dépendance.

Urologie : Cancer de la vessie, du rein, échec transplantation rénale, dysfonction érectile.

Et d'autres maladies concernées par d'autres spécialités médicales.

Remerciements

À Carolina Gelitti et Raphaël Presles, qui se sont tous deux impliqués dans l'enquête sur les différents e-liquides et e-cigarettes disponibles en France, Carolina s'occupant des schémas et de l'animation de mon blogue, ainsi que du suivi de nos actions à l'Institut Moncey.

Table des matières

Suivez-nous sur le Web

Consultez nos sites Internet et inscrivez-vous à l'infolettre pour rester informé en tout temps de nos publications et de nos concours en ligne. Et croisez aussi vos auteurs préférés et notre équipe sur nos blogues!

EDITIONS-HOMME.COM
EDITIONS-JOUR.COM
EDITIONS-PETITHOMME.COM
EDITIONS-LAGRIFFE.COM

Achevé d'imprimer au Canada
sur papier 30 % recyclé
sur les presses de Imprimerie Lebonfon Inc.

procédé sans chlore

30 % post-consommation

archives permanentes